中国古代奇案

王 俊 编著

中国商业出版社

图书在版编目（CIP）数据

中国古代奇案 / 王俊编著. -- 北京：中国商业出版社，2017.1（2023.4 重印）
ISBN 978-7-5044-9651-5

Ⅰ.①中… Ⅱ.①王… Ⅲ.①中国历史 – 历史事件 – 通俗读物 Ⅳ.① K205-49

中国版本图书馆 CIP 数据核字 (2016) 第 308165 号

责任编辑：常　松

中国商业出版社出版发行
010-63180647　www.c-cbook.com
（100053 北京广安门内报国寺 1 号）
新华书店经销
三河市吉祥印务有限公司印刷
*
710 毫米 ×1000 毫米　16 开　15 印张　235 千字
2017 年 1 月第 1 版　2023 年 4 月第 2 次印刷
定价：45.00 元
* * * *
（如有印装质量问题可更换）

《中国传统民俗文化》编委会

主　编　傅璇琮　著名学者，国务院古籍整理出版规划小组原秘书长，清华大学古典文献研究中心主任，中华书局原总编辑

顾　问　蔡尚思　历史学家，中国思想史研究专家
　　　　卢燕新　南开大学文学院教授
　　　　于　娇　泰国辅仁大学教育学博士
　　　　张骁飞　郑州师范学院文学院副教授
　　　　鞠　岩　中国海洋大学新闻与传播学院副教授，中国传统文化研究中心副主任
　　　　王永波　四川省社会科学院文学研究所研究员
　　　　叶　舟　清华大学、北京大学特聘教授
　　　　于春芳　北京第二外国语学院副教授
　　　　杨玲玲　西班牙文化大学文化与教育学博士

编　委　陈鑫海　首都师范大学中文系博士
　　　　李　敏　北京语言大学古汉语古代文学博士
　　　　韩　霞　山东教育基金会理事，作家
　　　　陈　娇　山东大学哲学系讲师
　　　　吴军辉　河北大学历史系讲师

策划及副主编　王　俊

序 言

中国是举世闻名的文明古国,在漫长的历史发展过程中,勤劳智慧的中国人创造了丰富多彩、绚丽多姿的文化。这些经过锤炼和沉淀的古代传统文化,凝聚着华夏各族人民的性格、精神和智慧,是中华民族相互认同的标志和纽带,在人类文化的百花园中摇曳生姿,展现着自己独特的风采,对人类文化的多样性发展做出了巨大贡献。中国传统民俗文化内容广博,风格独特,深深地吸引着世界人民的眼光。

正因如此,我们必须按照中央的要求,加强文化建设。2006年5月,时任浙江省委书记的习近平同志就已提出:"文化通过传承为社会进步发挥基础作用,文化会促进或制约经济乃至整个社会的发展。"又说,"文化的力量最终可以转化为物质的力量,文化的软实力最终可以转化为经济的硬实力。"(《浙江文化研究工程成果文库总序》)2013年他去山东考察时,再次强调:中华民族伟大复兴,需要以中华文化发展繁荣为条件。

正因如此,我们应该对中华民族文化进行广阔、全面的检视。我们应该唤醒我们民族的集体记忆,复兴我们民族的伟大精神,发展和繁荣中华民族的优秀文化,为我们民族在强国之路上阔步前行创设先决条件。实现民族文化的复兴,必须传承中华文化的优秀传统。现代的中国人,特别是年轻人,对传统文化十分感兴趣,蕴含感情。但当下也有人对具体典籍、历史事实不甚了解。比如,中国是书法大国，谈起书法，有些人或许只知道些书法大家如王羲之、柳公权等的名字，知道《兰亭集序》是千古书法珍品，仅此而已。

再如，我们都知道中国是闻名于世的瓷器大国，中国的瓷器令西方人叹为观止，中国也因此获得了"瓷器之国"（英语china的另一义即为瓷器）的美誉。然而关于瓷器的由来、形制的演变、纹饰的演化、烧制等瓷器文化的内涵，就知之甚少了。中国还是武术大国，然而国人的武术知识，或许更多来源于一部部精彩的武侠影视作品，对于真正的武术文化，我们也难以窥其堂奥。我国还是崇尚玉文化的国度，我们的祖先发现了这种"温润而有光泽的美石"，并赋予了这种冰冷的自然物鲜活的生命力和文化性格，如"君子当温润如玉"，女子应"冰清玉洁""守身如玉"；"玉有五德"，即"仁""义""智""勇""洁"；等等。今天，熟悉这些玉文化内涵的国人也为数不多了。

也许正有鉴于此，有忧于此，近年来，已有不少有志之士开始了复兴中国传统文化的努力之路，读经热开始风靡海峡两岸，不少孩童以至成人开始重拾经典，在故纸旧书中品味古人的智慧，发现古文化历久弥新的魅力。电视讲坛里一拨又一拨对古文化的讲述，也吸引着数以万计的人，重新审视古文化的价值。现在放在读者面前的这套"中国传统民俗文化"丛书，也是这一努力的又一体现。我们现在确实应注重研究成果的学术价值和应用价值，充分发挥其认识世界、传承文化、创新理论、资政育人的重要作用。

中国的传统文化内容博大，体系庞杂，该如何下手，如何呈现？这套丛书处理得可谓系统性强，别具匠心。编者分别按物质文化、制度文化、精神文化等方面来分门别类地进行组织编写，例如，在物质文化的层面，就有纺织与印染、中国古代酒具、中国古代农具、中国古代青铜器、中国古代钱币、中国古代木雕、中国古代建筑、中国古代砖瓦、中国古代玉器、中国古代陶器、中国古代漆器、中国古代桥梁等；在精神文化的层面，就有中国古代书法、中国古代绘画、中国古代音乐、中国古代艺术、中国古代篆刻、中国古代家训、中国古代戏曲、中国古代版画等；在制度文化的层面，就有中国古代科举、中国古代官制、中国古代教育、中国古代军队、中国古代法律等。

此外，在历史的发展长河中，中国各行各业还涌现出一大批杰出人物，至今闪耀着夺目的光辉，以启迪后人，示范来者。对此，这套丛书也给予了应有的重视，中国古代名将、中国古代名相、中国古代名帝、中国古代文人、中国古代高僧等，就是这方面的体现。

生活在21世纪的我们，或许对古人的生活颇感兴趣，他们的吃穿住用如何，如何过节，如何安排婚丧嫁娶，如何交通出行，孩子如何玩耍等，这些饶有兴趣的内容，这套"中国传统民俗文化"丛书都有所涉猎。如中国古代婚姻、中国古代丧葬、中国古代节日、中国古代民俗、中国古代礼仪、中国古代饮食、中国古代交通、中国古代家具、中国古代玩具等，这些书籍介绍的都是人们颇感兴趣、平时却无从知晓的内容。

在经济生活的层面，这套丛书安排了中国古代农业、中国古代经济、中国古代贸易、中国古代水利、中国古代赋税等内容，足以勾勒出古代人经济生活的主要内容，让今人得以窥见自己祖先的经济生活情状。

在物质遗存方面，这套丛书则选择了中国古镇、中国古代楼阁、中国古代寺庙、中国古代陵墓、中国古塔、中国古代战场、中国古村落、中国古代宫殿、中国古代城墙等内容。相信读罢这些书，喜欢中国古代物质遗存的读者，已经能掌握这一领域的大多数知识了。

除了上述内容外，其实还有很多难以归类却饶有兴趣的内容，如中国古代乞丐这样的社会史内容，也许有助于我们深入了解这些古代社会底层民众的真实生活情状，走出武侠小说家加诸他们身上的虚幻的丐帮色彩，还原他们的本来面目，加深我们对历史真实性的了解。继承和发扬中华民族几千年创造的优秀文化和民族精神是我们责无旁贷的历史责任。

不难看出，单就内容所涵盖的范围广度来说，有物质遗产，有非物质遗产，还有国粹。这套丛书无疑当得起"中国传统文化的百科全书"的美誉。这套丛书还邀约大批相关的专家、教授参与并指导了稿件的编写工作。应当指出的是,这套丛书在写作过程中,既钩稽、爬梳大量古代文化文献典籍,又参照近人与今人的研究成果,将宏观把握与微观考察相结合。在论述、阐释中,既注意重点突出,又着重于论证层次清晰,从多角度、多层面对文化现象与发展加以考察。这套丛书的出版,有助于我们走进古人的世界,了解他们的生活,去回望我们来时的路。学史使人明智,历史的回眸,有助于我们汲取古人的智慧,借历史的明灯,照亮未来的路,为我们中华民族的伟大崛起添砖加瓦。

是为序。

2014 年 2 月 8 日

前 言

中国是世界四大文明古国之一，在悠久的历史中，创造了辉煌灿烂的华夏文化。在政治、经济、文化以及科学技术等方面曾一度领先于世界诸国。表现在法律上亦是如此。

早在夏、商、周奴隶制形成和发展时期，就产生了神权法思想和宗法思想。春秋战国时期更是产生了儒、法、道、墨等诸子百家，出现了百家争鸣的局面。自秦汉以来，儒家思想一直占据统治地位，指导封建立法、司法长达两千年之久，这在世界所有法系中是绝无仅有的。中国的封建司法制度亦因此具有其鲜明的特点。中国古代统治阶级也都是依据这种法律办理各类案件的。记载统治阶级司法活动的书籍浩如烟海，除了各种正史外，现在的辑本，著名的有五代时和凝父子的《疑狱集》，宋代郑克的《折狱龟鉴》和桂万荣的《棠阴比事》，明代吴讷的《棠阴比事续编》，清代则有胡文炳的《折狱龟鉴外》，宋邦惠的《详刑古鉴》和魏息园的《不用刑审判书》，同时出现了专著《鹿州公案》等。这些书籍中所记载的案件，像一面多姿多彩的多棱镜反映了当时的法律思想、司法制度、风土人情、审判艺术等。

唐太宗说过："以铜为镜，可以正衣冠；以古为镜，可以知兴替；以人为镜，可以明得失。""人欲自照，必须明镜。"在司法工作中，严肃执法、清正廉洁、敬业勤政、刚直不阿是我们的思想指南。古人有两副对联像长鸣的警钟，无时不在警示着我们。一是"听讼吾犹人，纵到此平反，已苦下情迟上达；举头天不远，愿大家猛醒，莫将私意入公门"。二是"看阶前草绿苔青，无非生意；听墙外鸦啼鹊噪，恐有冤魂"。在中国丰富的文化遗产中，有许多东西值得我们借鉴。古代的许多案例就非常值得学习、研究。吸取其精华，扬弃其糟粕对我们当今的司法工作不无裨益。如本书中辑录的一些执法如山、辨诬雪冤、审慎析疑、注意物情、善取对策等案例中，办案人员不仅精通律条而且广知天文地理，了解各地风土人情，具有丰富的自然科学、社会科学方面的知识。他们在办案中还非常注重审判艺术，有些案件不仅逻辑推理严密，而且在审讯中还非常机智灵活。当然，本书中也选录了一些法外办案、徇私枉法、贪权纳贿，草菅人命，生灵涂炭的案件，我们应以此作为反面教材，吸取教训，引以为戒。

　　因为古代案狱故事的记载都是用文言文或半文言文写成的，且用的又都是封建时代的一套标准，里面夹杂着大量落后的、不科学的封建迷信的腐朽东西。编者在对我国古代案狱故事进行鉴别筛选的基础上，挑选了一些内容健康的奇案故事，在尊重历史基本史实、注重原来事件基本精神的前提下，用通俗的现代语言译编成书。全书自西汉至民国时期共精选出一百五十篇奇案故事，这些故事情节生动、内容险奇，具有鲜明的文学性、趣味性和可读性，同时也具有较强的警示和启迪作用。

　　古老的中国曾经发生过许许多多扑朔迷离的奇案，这些奇案不但情节惊险复杂，而且破案过程艰难曲折，处处充满着悬疑，每一个奇案中都包含值得当今人们思索和参考的侦破手段和断案经验。

　　最后，需要提醒大家注意的是，本书并非史书，有的部分可能与史实有所出入，应以史家观点为准。由于我们水平所限，书中错漏之处在所难免，谨请读者指正。

目 录

第一章　罔顾良知——诬告陷害

第一节　诬告奇案···002

　　粟君诬告：寇恩欠钱不还·································002
　　举人诬告：父丧性命子遭陷·································004
　　诬告反坐：窝藏凶犯真可恶·································006
　　同伙作案：诬他人移尸灭迹·································008
　　诬良为盗：历艰辛终得雪冤·································010
　　处女怀孕：老妪泄愤惹祸端·································013

第二节　嫁祸奇案···017

　　草菅无辜：杀夫嫁祸连环案·································017
　　巡夜危机：无赖徒杀人嫁祸·································020
　　一箭双雕：杀妻嫁祸娶妓女·································022

第三节　伪证奇案···025

　　窝藏妾室：驸马崔宣谋反案·································025
　　主观猜疑：陷害仇人泄私愤·································027

伪造契约：模仿字迹造诬案 ………………………………… 028
逃避罪责：造假案无辜受害 ………………………………… 030

第二章　"孔方兄"——偷盗贪财

第一节　谋财害命奇案 ……………………………………… 036
乔装打扮：妓盗谋财害性命 ………………………………… 036
因果报应：恶有恶报无好果 ………………………………… 038

第二节　窃贼奇案 …………………………………………… 040
擒拿真凶：武皇限期破盗案 ………………………………… 040
摸钟断案：盗贼心虚现原形 ………………………………… 041
做贼心虚：寻人先呼其妻名 ………………………………… 043
法网恢恢：盗犯十年仍落网 ………………………………… 045
暗中查疑：刁仆妇勾结行窃 ………………………………… 046

第三节　贪财奇案 …………………………………………… 048
恶女爱才：何太守问剑断遗弃 ……………………………… 048
贪图钱财：借债无凭隐真情 ………………………………… 050
智追赃银：贪心起调包行窃 ………………………………… 053

第三章　贪婪美色——奸淫害命

第一节　万恶淫为首 ………………………………………… 058
夫妻吵架：无赖施计占人妻 ………………………………… 058
有伤风化：男扮女诱奸民妇 ………………………………… 060

一双合色鞋，四人上西天 ··· 062
　　私相约会：冒名顶替害贞女 ······································· 065
　　滴血认亲：寡妇与外甥通奸 ······································· 067
　　宝莲污秽：淫僧扮送子观音 ······································· 069

第二节　色字头上一把刀 ·· 072
　　破镜重圆：好色徒绳之以法 ······································· 072
　　溺死婴孩：恶汉唆主仆苟合 ······································· 074
　　奸淫小人：捕役扮盗擒凶犯 ······································· 076

第四章　正直"官爷"——明辨是非

第一节　智破奇案 ·· 080
　　神鬼骗钱：戚贤智识奸计 ··· 080
　　去伪存真：张同知折服杀人犯 ····································· 081
　　杨二冤枉：李兴智解杀人案 ······································· 085
　　孤女被害：总督惩凶辨真伪 ······································· 087
　　老乡不合：知府公断还清白 ······································· 091
　　欺骗官吏：赌博失钱谎报官 ······································· 093

第二节　巧断奇案 ·· 095
　　直谏皇帝：张释之执法公正 ······································· 095
　　仗义执言：丑霸王倚势逼婚 ······································· 096
　　代人受过：和尚碰巧入狱 ··· 098
　　亲爹说谎：诬儿不孝上公堂 ······································· 100

第五章 事无巨细——平民纠纷

第一节 化解纠纷 ······ 104

为民服务：小案巧审保民安 ······ 104
委婉化导：县令巧释兄弟怨 ······ 106
告祭祖先：两家争坟三十年 ······ 108
迎亲逢雨：抬错花轿判对郎 ······ 111
因爱放手：兄嫂争子太荒唐 ······ 112

第二节 惩戒恶人 ······ 116

受恩不报：贪图细涓泯良心 ······ 116
一鸡之争：伙计戏弄乡下人 ······ 117
真假金猫：泼皮无赖诈老妪 ······ 119
见财忘性：银圆一枚汤团案 ······ 121
僧俗争地：张知县验笔破案 ······ 124

第六章 不寻常理——离奇冤案

第一节 击鼓鸣冤 ······ 130

秀才无辜：毒蛇致新妇丧命 ······ 130
玩物丧志：画眉鸟连害七命 ······ 133
毒虫害人：主观枉判冤两命 ······ 136

第二节 奇案寻踪 ······ 139

投君之好：监察御史窃《兰亭》 ······ 139
禽兽无罪：狗咬白鹤起纷争 ······ 142

人遇奇事：博学县官释疑难 ·················· 144
出人意表：车夫丢尸男变女 ·················· 147

第七章 真情感天——法外开恩

第一节 情有可原 ·················· 152

新妇出走：假妹感恩报真情 ·················· 152
女婿卖妻：岳母同意被赞颂 ·················· 156
书生顶替：知县改点鸳鸯谱 ·················· 158
辫子姻缘：才子佳人订终身 ·················· 161
失而复得：有情人终成眷属 ·················· 166

第二节 法外开恩 ·················· 170

拾金不昧：平白得钞十五沓 ·················· 170
为父报仇：衡平情法人称颂 ·················· 172
鱼刀杀盗，罪有应得 ·················· 175
情真意切：智判一女三配案 ·················· 177

第八章 仕途艰辛——宫廷政变

第一节 伴君如伴虎 ·················· 182

仗义执言：司马迁惨遭宫刑 ·················· 182
尽忠报国：晁错无过遭斩 ·················· 187
寒朗死谏：谋反案牵涉无辜 ·················· 191
嫉贤妒能：炀帝妒杀薛道衡 ·················· 194

逢迎皇上：大将李靖险被害………………………………… 197
谏迎佛骨：韩愈险遭杀身祸………………………………… 199
敢为直臣：周新以身殉法…………………………………… 202

第二节 权力场的悲鸣……………………………………… 205

宫廷丑闻：刘妃狸猫换太子………………………………… 205
岳飞被害：秦桧担千古骂名………………………………… 208
宦官当权：魏忠贤谋杀杨涟………………………………… 211
疏劾严嵩：沈纯甫引祸杀身………………………………… 213
计诛权官：恶太监仗势违制………………………………… 216

参考书目……………………………………………………… 222

第一章
罔顾良知——诬告陷害

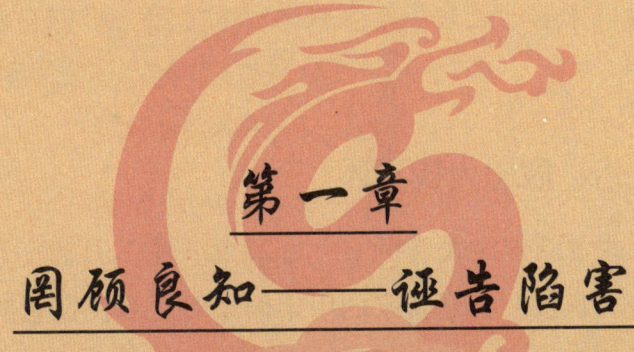

　　所谓诬告陷害罪，主要指罔顾良知，捏造莫须有的罪名或在公堂上作虚假证词，蓄意陷害他人，让他人蒙受刑事追究的行为。这里的"他人"，不仅包括普通百姓或一般官员，还包括正在服刑的罪犯与其他犯罪嫌疑人。另外，必须谨记：只有以让他人遭受刑事追究为目的情况，才能构成诬告陷害这一罪名。

第一节　诬告奇案

■ 粟君诬告：寇恩欠钱不还

东汉光武帝刘秀建武三年（公元27年）十二月初三日，县廷所在地的都乡啬夫官按照县廷转来的甲渠候粟君对乡民寇恩的控诉状，把被告寇恩召唤到乡所在地，对他进行了讯问。首先向他说明法律有这样规定："如果提供的证言不确实，故意夸大、缩小或隐瞒财物的数量，其价值在五百钱以上的，证词已定，三天之内又不去找官吏说明真实情况加以更正的，就按提供证词不实、使人入罪或出罪要按所出入之罪的轻重惩罚自身。"

然后对寇恩进行了讯问，并记入"爰书"。"爰书"中写道：

寇恩的原籍是颍川郡昆阳县市南里人，现年六十六岁，姓寇。去年十二月中旬，甲渠令史华商、尉史周育应当为粟君运鱼去卖。华商、周育都不能去。华商就出一头黄色、八岁、价值六十石谷的公牛，另加谷十五石，共值谷七十五石给粟君；周育出一头黑色、五岁、价值六十石谷的公牛，另加四十石谷，共值谷一百石给粟君。他们用这些东西作为替粟君雇人运鱼去卖的赁金。之后，粟君即雇用寇恩，运鱼五千条去卖。双方约定：粟君给寇恩一头牛，二十七石谷；寇恩为粟君卖出鱼之后要交回通行的钱四十万。开始粟君用华商所给他的黄色、八岁的公牛和二十七石谷给寇恩作为工钱。之后，过了两三天要出发的时候，粟君对寇恩说："黄色的公牛比较瘦，周育给我黑色公牛虽然小，但却肥，价钱是一样的。你从中挑一头好用的牵走吧。"寇恩就牵了黑牛，留下了黄牛。这谈不上是向粟君借的公牛。寇恩卖完鱼，钱不够四十万，因此卖了黑牛，凑钱三十二万交给粟君的妻子业，还少八万钱。后来，寇恩将一个大车轴，价值一万钱，熟羊皮袋子一条，价值三千；大型竹简一个，值千钱；盛一石谷物的去卢一个，价值六百钱的器物都放在粟君的妻子业的车上。寇恩与业一起回来的时候，走到第三个驿站，寇恩又交了二石大麦给业，价值六千；走到北部，又给业买了十斤肉，值谷一石，价值三千；以上总计二万四千六百钱，全都在粟君那里。寇恩因欠粟君的钱，所以没把这些器物取回。此外，寇恩的儿子钦，从去年十二月二十日为粟君捕鱼，到今年正月、闰月、二月，总计做工三个月零十天，没有拿到应得的工钱。当时，市场上雇工的中等价钱，十五岁以上的成年男子每天二斗谷，粟君应支付工钱谷二十石、寇在给业钱时，市上谷价每石四千，以寇恩的儿子钦应得谷中的十三石八半五升作价，值得钱五万五千四，加上以上器物价二万四千六，总计已达八万。就是说用这些偿付所欠粟君的钱之后，寇恩还应当得到其子钦为食为粟君捕鱼的工价谷六石一斗五升。还有，寇恩吃自己的伙食为粟君的妻子业赶车到居延，累计途中走了二十余天，没计算工钱。当初，华商、周育都以每头牛六十石谷给粟君，粟君也按照这样的价钱把牛给寇恩，牛归谁已经议定。从以上事实看，寇恩不应当把牛还给粟君，也不

▲ 汉代钱币

应当再给他二十石谷。全部证词如"爰书"所述。

据此，都乡啬夫官作出这样的判断："寇恩的供词与甲渠候粟君的控诉不相符，怀疑所报告的情况不属实。"

之后，甲渠候上告到太守府，表示愿意亲自到都乡来做证。

太守府下令：必须进一步查实，把事情讯问清楚，作出判断上报。

按照太守府的指示，居延县令又一次审讯了寇恩，寇恩辩证说："我没有理由把卖牛的钱给粟君，也不欠他二十石谷。"又说他的器物在粟君那里，那些东西值一万五千六百；而且还为粟君买肉，粟谷三石。还说他儿子钦为粟君做工，工钱值二十石。用这些钱物偿还寇恩所欠粟君的钱完毕，粟君把寇恩的器物使用坏了，现在又要把这些已经坏了的东西还给寇恩，寇恩不肯接受，特以"爰书"自证。

建武三年（公元27年）十二月二十七日，居延县令与代理乡啬夫根据双方所谈的情况和寇恩在"爰书"中提供的证词，判定应当按照处理政事故意出入罪报上级，依照法令的规定来制裁粟君。

■ 举人诬告：父丧性命子遭陷

江西永新县乡下有父子俩，平常以帮着别人干些木工活维持生计。后来父亲年老体衰，不能再外出干活，又没有自己的房屋，他们就住进一座破庙里。儿子到村里给人做木工，三四天回来一趟，替父亲操办些柴米之类的生活用品，自己就住在做活的人家里。庙在深山，四周没有一家住户，儿子每次回来都嘱咐父亲严加小心，防止意外。

这天早晨，儿子向主家告假，进山给父亲送东西。来到庙前，使劲拍打庙门，却没有应声。院墙太高爬不上去，他就想法撬开庙门，进了院子，四处静悄悄，再喊父亲，还是不见应声。推开父亲住房的门，他被眼前的惨象惊呆了：父亲已被人杀死，躺在地上，头上有一个不大的窟窿，冒出的血已凝固，全身被香熏烧得没有一处好地方，地上还有一把烧掉半截的香，在院墙根底下，丢放着一卷破被，其他没发现少什么。见此情景，儿子急奔下山击鼓告官。知县来勘验现场，觉得不像是强盗小偷之类所为，就命手下人暂且掩埋老人尸体，再从长计议。暗中他找到乡绅中几个有阅历的老者留意，代为查访命案的踪迹。过了一个多月，永新县举人李英上书禀报说，这起杀人案凶手就是死者的儿子。他说："村里都传说他父亲手头有积蓄的十几贯银钱，在一富户人家代存着，儿子说了个媳妇急等用钱，父亲不答应，爷俩为此争吵过。"知县讯问小木匠，儿子说确有此事，是在父亲被害的第三天取回来的。这一来，县官更信了李英的话，就严刑拷问小木匠，逼他承认杀父之罪。

这一天，知县正在审讯小木匠，捕役把刚捉到的另一起偷盗案的贼人带进来，知县简单讯问了一下案情，命先押到狱里抽空再审。贼人转身往门外走，一眼看见了被重刑折磨得不成人样的小木匠，惊讶地脱口而出："你怎么落到这步田地？你父亲手头有钱，到死也不撒手才被人杀了的，现在你又要被屈死了。人呀，真是命……"知县听罢此话，感到很奇怪，忙喝住盗贼追问他说这话是什么意思。盗贼开始还支支吾吾，后来自知失言，想隐瞒也不可能，只得照实说："我早就听说那老头有些积蓄，又独自一人住在孤庙里，就约了几个同伙夜里翻墙进去到处搜钱，结果一个子儿也没找到，又不想空手出来，就随手把老头的被子抱出来了，这一下把那老头惊醒了。我与他平常熟悉，怕他张扬出去，就招呼同伙回来对付他。同伙丢下被子跑回来，我用凿子敲击他的头，同伙用成把的香熏烧他的身体，火毒攻心，一会儿就断了气，我们就跳墙跑了。没想到因此连累了他的儿子。"知县录下强盗的口供，又带着去破庙一一指证，证明凶手正是强盗，经上报批准，把贼人处决了。

再说小木匠受重刑不过，差一点就要屈招了，现在真凶已经伏法，他当然是咽不下这口气，几天后他以诬告罪向官府告发举人李英。不久，官府裁决上告人有理，李英被官府革掉了举人功名，并赔偿小木匠许多钱财以谢其罪。

■ 诬告反坐：窝藏凶犯真可恶

宿迁县郊外有一个百姓叫王德成，年逾六十。一天，他带了侄孙到官署击鼓鸣冤。观察使肖爵寅传鸣冤者王德成到堂讯问，王诉道："我家寡嫂某氏，昨天夜里被盗贼杀死，贼人还抢走了遗孀侄媳妇及衣服、物品多件。在灯光下，我隐隐约约地看那些盗贼中有彭三和刘七，其余的都面生，请大人查明发落。"肖公讯问王德成有几个儿子。他回答说："小人有四个儿子，长子叫昌喜，次子叫昌霖。"当讲到三子时，他神态有些踌躇，脸色发白，迟疑了一会儿才说，"三子叫昌贵，四子叫拔儿。"肖公觉得他有点反常，接着又亲自带了仵作去现场勘查。到了王家，肖公等人发现现场四周都是墙壁，无盗贼藏身之处。再验死者，发现头颅扁碎，不像是被刀斧之类砍伤，似乎是被砖石捶捣致死。在现场的西边有两间空房，肖公讯问王德成后知道，原来居住姓韩的邻居刚搬走不久。

肖公看后，觉得先找姓韩的邻居来讯问，或许能提供些线索。肖公问姓韩邻居为何从王家迁出，邻居回答说："王家婆媳俩意见不合，时常吵闹，相互责骂。王家雇工与媳妇本来是表叔嫂，自从那表哥死后，他就与孀媳日夜鬼混，就好像是真的夫妻一般。婆婆见此情景常常责骂，但仍无法禁止他俩来往。我们怕招惹是非，牵连进去，所以这几天才搬往他屋居住。"肖公正在详细讯问时，差役忽然来报告说，被告彭三、刘七前来投案。肖公十分惊奇,问道:"我还未下传票,你们就来自首了?"彭三、刘七二人回答说:"我们俩都是富家的雇工,听说王德成诬告我们谋财害命,平白无辜牵连到主人,所以自动来投案。"肖公经过再三盘问,才知道王德成的孀侄媳在半个月前已经改嫁,王德成的控词完全是虚构的,妄想嫁祸于人。联系到原告在公堂上瞠目结舌的种种表现,肖公又继续对王德成进行试探。他再问王德成有几个儿子,结果同前次所答一样,唯独讲到三子时吞吞吐吐,还改口说三子叫昌富。肖公见他竟如此狡猾,乃拍案大怒说:"上次叫昌贵,今天又改名叫昌富,难道你作父亲的连自己儿子的名字都记不清吗?"王德成被问得哑口无言。经询问旁人才知道,王德成的三子真名叫昌槐,原来在某氏家里当雇工,因为奸情被主人辞退,现在鲍家圩子当雇工。肖公想了想,觉得"盗贼就是他了"。

　　为了抓捕凶杀犯王昌槐归案,肖公释放了彭三和刘七,仅带了原告王德成回官署继续审讯。当晚他们在离王家十余里地的堰头镇投宿,肖公故意把王德成绑在室外,让人暗中窥伺动静,并派差役到鲍家圩子去探听虚实。差役奉命夜行,恰巧在途中遇到了数人,原来是昌喜、昌槐兄弟前来探听父亲消息的。差役随机应变,说是行人迷了路,请求他们带往堰头镇。这一行人前后走着,昌喜带头走在前面,先赶到了堰头镇。王德成看见昌喜时故意发怒,昌喜不明其意,王德成伸出三个指头,意思是指三子,问道:"他现在在何处?"昌槐走上前来,王德成急忙低声说:"此事已被官方识破,你怎

▲ 清代家庭

么还不远走他乡？"正说着，差役突然上前将昌槐捆住铐上，急报肖公。肖公立即升堂严加审讯，问道："你伯母家遭此惨事，你是否去看过？"昌槐回答说："因为在外事情太忙，一时顾不上，没有亲自去探望。"肖公又问："你伯母的伤痕有些奇特，不知是什么东西把她杀死的？"昌槐脱口而出道："听说用的凶器是石磨的底盘，因为磨盘是上轻下重，以重的一头捶捣，所以头部扁碎。"肖公马上追问："刚才你说是没有去看过伯母，如今你怎能了解得如此详细？你与寡嫂淫乱，又杀害你伯母，还想逍遥法外，蒙骗本官？"

昌槐一听浑身哆嗦，知道案情已经败露，无法抵赖，只得低头认罪。王德成以诬告反坐、窝藏凶犯罪论处，受到了法律的制裁。

■ 同伙作案：诬他人移尸灭迹

蓝公在普宁县任官时，有一个潮阳人叫王士毅，来县衙控告说："林氏改嫁给普宁的陈天万，其子阿雄随母到陈家。陈天万及其长媳许氏，因为妒忌阿雄而将他毒死。"王士毅还一再声称，他的控告情况确实，决无诬陷他人之词，否则愿以反坐诬告罪受法律制裁。

蓝公受理此案后，决定开棺验尸。他带了仵作到了现场，发现墓穴被盗，尸体已不知去向。蓝公大怒，命拘捕原告王士毅。王士毅被捕后，大呼冤屈，还一口咬定是被告及其一伙杀人后干下的坏事。蓝公先传讯了陈天万，问他阿雄究竟是怎么死的？陈天万回答说："他是患痢疾病死的。"还呈上了药方作为证据。此药方经医生对证，情况属实。蓝公又传讯了被告许氏，只见她面容憔悴，腹部鼓起，无精打采地蹲在那里一言不发。据说，她重病缠身，已拖了几年，因此完全不像是个心狠手辣，毒死他人的凶犯。此外，左右邻居也不知道阿雄尸体的去向。林氏告诉蓝公说："阿雄死时，我去请王士毅来帮助料理后事，但他没来，只是第二天早晨，他上他表姐家去了一次。他表姐是个寡妇，身边只有一个十五六岁的儿子叫廖阿喜。"蓝公派人找到阿喜，问他二十八日清早，王士毅来你家何事，又说了些什么？阿喜说："舅舅是路过我家来的，他问我阿雄死后埋了没有？葬在哪里？我告诉他阿雄昨晚已埋在后山。他二话没说就走了。"经过这一系列的审讯和调查，蓝公认为阿雄是病死，而不是被谋杀的。许氏的杀人嫌疑也基本排除。但是，尸体为何被盗呢？谁是盗尸者呢？从各方面提供的情况分析，盗尸者最大的嫌疑是原告王士毅。为什么他要诬告陈天万及其长媳许氏？为什么告了状又盗走尸体，阻止官府开棺验尸？他背后可能有别人在指使，或者是合伙作的案。应该抓住这条线索追查到底，查个水落石出。蓝公经过反复思考，决定从审讯原告入手。

王士毅被差役押来，蓝公拍案而起，大声斥责道："移尸灭迹的罪犯就是你王士毅，如今还不从实招来！"王士毅连声叫冤，矢口否认。蓝公下令将他鞭打三十，捆在车上，还说回衙后将用枷囚在狱中。

蓝公从现场坐车回府。车走到半路，他又对差役说："你们赶快先回城，到东门旅店去侦察一下，看王士毅的家里有无外人。如果有人，马上带来见我。"差役奉命而去，果然发现有一个叫王爵亭的在旅店内等候。王爵亭被带到县衙，但是他举止行动好似若无其事，他和王士毅都声称从不相识，但是一打听，原来是王爵亭陪同王士毅一起来县里告的状。发现了这个新线索，蓝公便对王爵亭严加讯问，王爵亭无奈只得招供说："这件事的主谋是陈伟度。陈伟度是本县一个讼师，阿雄的尸体究竟被移到何处？也只有他一人知道。"

陈伟度不久被带到公堂。他扑通跪下就喊冤枉，说："陈天万是我族弟，王士毅、王爵亭想陷害我弟，如今此计不成，又捏造罪名嫁祸于我，请大人明察！"蓝公一听他与陈天万是亲戚，心里一惊，怕又冤枉了一个好人，可是定睛一看，陈伟度的神态异常，只见他左顾右盼，说话时摇头晃脑，有时候又躲躲闪闪，不像一个善良忠厚的贫民百姓。为了弄个明白，蓝公故意诈唬他："我知道你不是被告的同伙。但是，为什么在东门旅店内和他们一桌吃饭呢？""是偶然碰在一起的。"陈伟度没有料到会问这样的事，随口答了一句。可是，蓝公又问："难道说接连几天，几个人在一起吃饭也是偶然的吗？"陈伟度慌忙回答说："因为这里饭店不多，所以凑在一块！""既然如此，又为什么几个人在一起鬼头鬼脑，密谋商议呢？"陈伟度又解释说："这是他们在劝我和我族弟和好呢！"蓝公接着又问他说："你又为什么要和王爵亭、王士毅在旅店同宿？"陈伟度一口否认。后来，王爵亭供认他们三人只是在城中林泰家一起借宿过一夜。林泰父子又做证，他们三人在他家借住了三个夜晚，窃窃私语，鬼鬼祟祟好像在谋划什么事。

林泰父子的证词，使案情的线索更加清楚明朗起来。王士毅、王爵亭和陈伟度三人同伙作案，但出谋划策的可能是后者。因此，蓝公又个别地对陈伟度严加审讯，陈伟度才不得不招认了自己的罪行。原来，他想争夺祖产，下毒手除掉陈天万。恰好碰到阿雄病死，就几个人密谋由王士毅出面控告嫁祸于人。他又策划把阿雄的尸体盗埋在邻县，其目的一是要加重陈天万的罪名，二是考虑到当时的法律是各县自理，事情不会败露，阿雄的尸体现埋在潮阳水郗鸟石塞外的一条小溪边，有三个半截的树栽在一旁为标记。蓝公查清了案情，给潮阳县令发了公文，派人取回了阿雄的尸体。经仵作验尸全身无伤痕，确系病亡，此案才真相大白。诬告者自然受到了法律的严惩。

■ 诬良为盗：历艰辛终得雪冤

元世祖至元十五年夏天，行台御史张某与监察御史李德甫一起到江淮行省审查囚犯，流放犯张杰等人诉冤。张、李二人觉得案情有疑窦，于是就让张杰详尽地诉说了事情的原委。

原来，张杰在南宋末年是池州驻军的马医。一天半夜里，张杰已经睡了，忽然有一个名叫钱胜的骑兵前来敲门。张杰起身开门，把他让进屋中，这时，钱胜跪下哭着说："我夜间误杀了我所饲养的马匹，明天准备以暴病死亡向上报告，上边一定会委派您查验。希望您能帮我一把，让我避过这次劫难，事成之后，我将重重地报答您。张大哥，我上有八十老母需侍奉，钱某在这儿求您了。"当时，有关养马的法令非常严格，尤其是正在服役的军马，杀死一匹马和犯杀人罪差不多。张杰一向处世谨小慎微，胆小怕事，加之平日里就看不惯钱胜对马匹的虐待，等到第二天上司派员来核查时，张杰就老老实实地将马被杀的情况作了汇报，没有为钱胜做任何遮掩，钱胜因此被判了罪。当钱胜被上司派来的人从马营里带走时，斜着眼对张杰说："张马医，你的'大恩大德'我会铭记一辈子的。"这话说得简直令张杰直打冷战。

第二年，池州归顺元朝，钱胜平日的诡诈又表现出来，他自称是宋朝的官员，因投降元朝而得到了管军把总的军职。自此，钱胜春风得意，扶摇直上，向张杰"报恩"的念头越来越浓。曾多次加害张杰，但是都因张杰不是他的部属，未能得逞。又过了些时日，钱胜凭着三寸不烂之舌，投机钻营，又兼任了捕盗的职务。当时，张杰和同军的一些兵士一起，正在池州西山调集石头和木材。有一天，钱胜突然骑马带人前呼后拥地来到西山，那阵势就像围捕顽凶似的。只见一从者纵马上前喝问道："谁是张杰？"张杰见钱胜带大队人马来此，知道来者不善，于是上前答道："我便是张杰，敢问有何见教？"这时，钱胜骑马上来，面带诡笑，说："尔等是伙强盗，全部给我拿下。"就这样逮捕了张杰和他的同伴共二十四人。押回后给他们戴上了又大又重的刑具。张杰心里清楚这是钱胜冲着自己来的,质问说:"我等何罪之有?""前些天的一个晚上,在江岸抢劫商船的就是你,你还是赶快承认吧,不承认就得死!"钱胜又直言不讳地告诉张的同伴:"张杰是我的仇人,这件事跟你们这些人无关,只要你们指认他是强盗,就把你们放了。你们可不要自讨苦吃啊。"但与张杰一起抓来的兵士们并没有为钱胜的淫威所吓倒,分辩说:"根本就没有抢劫商船这回事。再说我们这些人和张杰一起出差办事,半步都没离开过,既然张杰做强盗,我们就都是强盗。"钱胜听后恼羞成怒,喝令手下人用刑。这伙被钱胜网罗来的地痞流氓,本就没有人性,听到上司让用刑,哪管轻重,棍棒劈头盖脸地打来,当场就有两名羸弱的兵士被打死。尽管如此,仍无人招供。

第二天,钱胜一伙编排了一通,写好文书把张杰一伙解送到州里。州里的将官姓刘,这人与钱胜相识,且素来信任钱胜,狱吏张友仁也是钱胜的老相识。为此,他们只听钱的一面之词,别人的申诉则一概充耳不闻。到州里后,张杰等人所受到"待遇"比在钱胜那里还有过之而无不及。棍棒拷打、火炭烧灼,张杰等人已经体无完肤。他们见到州里也无公理可讲,承认也是死,不承认也是死,不如承认免受眼前之苦,就这样都被迫含冤认了罪,州官要他们还得交代赃物窝于何处,他们也只好信口乱指。奇怪的是指到哪里竟然能在哪里找出来,不知道这些赃物从何而来,人赃俱在。钱胜与刘某又施一计,

▲ 古代作战头盔

几天后，张友仁又拿了几张写好字的纸张，对张杰等说："朝廷的赦令到了州里，你们的案件还没有签字画押，恐怕就不在其内了。只要画了押就可以放你们出去。"张杰等人不知真假，就糊里糊涂地签字画了押。随后，张友仁就宣布："根据诏令，死刑减为远地流放，你们是强盗，应判流刑。"当即就命人给他们戴上刑具解送到行省。

在行省里，张杰等人多次大声喊冤，都遭狱吏大声训斥。这天，行省长官视察监狱，张杰就向他申诉说："钱胜指证我做强盗的那个晚上，我正在山上祭神，而且与巫祝孙某以及州里的小兵王某一起喝酒，直到天亮，请大人明察！不信你可以把那几位证人传来讯问，要不是这样，我们几个就是死了也没有什么可遗憾的了。"行省长官耐着性子听完，拂袖而去。后来，张杰等人哭诉着要见宰相当面申诉，也未获准。这样，这个案子的有关人员被关押在监狱里一年多，二十四个人已死去一多半。行台御史张某和监察御史李德甫在复审中，详尽地查阅了卷宗，多次提审张杰等人，听取他们的申诉，并派人向巫祝孙某、池州兵士王某取证。通过这一系列内查外调，证明张杰等所讲的话符合实情，终于为张杰一伙伸张正义，雪洗了冤屈。

■ 处女怀孕：老妪泄愤惹祸端

江阴县有一名士叫贾士香，他有一个叫贾荃的妹妹，其容貌美艳绝世，性情端庄娴静，自小受兄长影响，擅长诗文咏吟，兄嫂都很喜欢她。在她十六岁那年，由兄嫂做主，许配给同县一江姓盐商的儿子为妻。

一年多以后，贾荃出嫁吉期临近。这一天，有个以贩卖珍珠为业的汪姓老妇人，探听到她出嫁日期快到了，就带着珍珠前去出售。贾荃从汪老太手里挑选出几颗珍珠，又从妆奁里拿出几十颗，让老妇人给扎成一个珠凤头饰。完活后汪老妇人大大地把贾荃称赞一番，接过工钱笑着走了。不一会了，她嫂子带着镜匣来请她描花样，看见茶几上放着珍珠凤饰，就拿起来仔细把玩，得知是出自汪老妇人之手，再细看串上的珠子，连呼上当。贾荃接过来一看，才发觉自己收藏的珍珠都被老妇悉数换掉，真是悔恨莫及。贾士香得知这件事也异常气愤。后来在门口遇到汪老太婆，他上前拦住她羞辱大骂，直骂得汪老太婆羞愧而逃。汪妇回到家，越想越咽不下这口气，打算报复贾家。她就跑到盐商江家，在江母面前挑拨说："你未过门的儿媳贾荃先前曾托她的邻居金妈给个青年传信相见，后来听说她有了身孕，昨天我以卖珍珠为名去了她家，还真的证实确有此事。"江母听完很生气，就告诉了江父，他也是半信半疑。

数日后，一个女仆把一个卖花的老妇人带进江家，几个女孩子抢上去急着买花。江母问她姓名，得知她就是汪老太婆说的金妈。等几个女孩子买完离去，江母留下金妈询问贾家女孩的情况，她就一五一十地把前面汪妇提及的事详细说了，情况与汪太婆说的基本一致。江母把江父也叫过来，共同听了贾荃不轨之事，打发走金妈，两人最后商定退掉这门亲事。江母就命人把庚帖退给媒人，责令她去贾家退婚。再说媒人也听到了别人的议论，也不便争论什么，就把庚帖送给贾家。贾士香惊吓不轻，连声问是什么原因要退婚，媒人见无法遮盖，就稍微透露出一些实情，这更把贾士香气得半死，把庚帖丢在地上转身回到屋里再不出门。他生气地说："简直是无稽之谈，荒唐！荒唐！"媒人见贾家不提退婚之事，只好回来向江家复命。江父见贾家拒不退婚，就状告到官府。贾士香闻知，也去官府申诉，以激烈言辞为妹妹的清白辩护，一时间知县也说不服他，就命令他："你暂且回家，明天带着你妹妹再来听审。"

贾士香回到家把情况说了，忧心忡忡地叹道："唉，我没能保护好自己的妹妹，使她遭受如此大的诬陷，一经堂审，妹妹的名声岂不白受玷污。"直说得贾荃泪如雨下："小妹自幼承蒙兄嫂抚爱，也曾努力仿效晋朝的郝夫人和钟琰以报答哥嫂的养育之恩，来告慰死去的父母，谁料想今天遭此番羞辱，我还忍耐什么呢？唯有一死来证明自己的清白，哥嫂不必再为我惋惜了！"一家人抱成一团，失声痛哭。第二天一大早，贾荃起床后把家里家外都收拾停当，然后找出白色衣裤鞋袜换上，到嫂嫂房里去拜别。她跪在地上，一边垂泪一边说："小妹命薄，不能和嫂嫂终身相守，愧对嫂嫂这些年来的养育之恩，等来世再让小妹报答您的大恩大德吧！"可怜的嫂嫂只顾伤心大哭，哪还用心去明辨她话里的意思，只顾一个劲儿地抹泪。贾荃止住哭声与嫂嫂道别，登车跟哥走了。

到了官府，贾荃指天发誓，滔滔不绝地为自己辩解，拒不接受江家对她的指控。知县见贾荃一小女子竟如此不驯，十分生气地说："这桩事证据确凿，你还强词夺理洗脱自己，本堂县衙岂容你这样嚣张，看来不给你点颜色看看，你是不肯认罪了。"知县就命衙役用拶子夹她手指。贾荃挡住衙役的手，对知县说："残酷的刑罚男儿都不能忍受，更何况我这等瘦弱女子，那样势必含冤屈服。与其屈招，不如一死，只要父母官忍心以无中生有的罪名杀人，我甘愿领受！"县官被贾荃的一番慷慨陈词说得没了主张，就命人去叫接生婆来，把贾荃带到另一房间检查是否有孕。接生婆出来禀报说："贾荃已有四个月的身孕。"这个时间还真的与金妈说的相符。知县哈哈大笑着问贾荃："好个不要脸面的淫荡女子，明知自己惹下了事，还敢来此丢丑现眼，现在你还有什么可说的？"此时的贾荃，反倒镇静无比，她对知县说："我没有办法去反驳这些证人，但她们却真的是凭空捏造，是对我人

▲ 清代烈女祠碑文

格的侮辱，与其让他们蒙蔽了父母官，不如让父母官亲自检查确认。"边说边解开衣裙，众人还没明白是怎么回事，她就从袖中抽出佩刀，直插进裸露出的雪白玉体，等贾士香回过神来跑上去夺刀时，那锋利的尖刀早已从胸口划到小腹，肝肠都流了出来。知县急忙喝令阻止，却已来不及了。贾荃依偎在哥哥的怀里，肚腹上的血汩汩流出，人也瘫软下去，她最后挣扎着露出一丝微笑，对哥哥说："我是清白的。"说完就闭上了眼睛。可怜的贾士香使劲摇晃着怀里的妹妹，高声喊着她的名字，她却再也听不到亲人急切的呼唤了。

贾士香当即以贾荃的鲜血在状纸上书写了大大的"冤"字，向上控告。经复验，贾荃还是处女之身，怀孕四个月更是无稽之谈。原来，汪老妇人为泄私愤，买通了金妈和接生婆，有意诬陷贾家。后来，汪老太婆、金妈都被处以斩首；接生婆被关进大狱不久而亡；知县以枉法渎职罪被处以绞刑。为表彰贾荃贞烈品德，官府还为她建造了烈女祠。

第二节　嫁祸奇案

■ 草菅无辜：杀夫嫁祸连环案

元朝仁宗延祐初年，京城里发生了这样一起案子：

京城里有个木工场，工场里有数百名木工伙计，为便于管理，设置工长分别统领。有一个木工与他的工长因口角之争，半年多不相往来。周围的木工伙计们劝他，都是些鸡毛蒜皮的小事，抬头不见低头见的，没什么大不了的仇怨，和好算了。但两个人都碍于面子，又找不到下台的梯子。于是，伙计们便凑钱买了些酒肉。拉着那个木工到工长家里和好，两人一见面就前嫌尽释。伙计们忙着办好酒菜，几个人吆五喝六地喝到天黑，直喝得个个歪三倒四而去。

这个木工的老婆王氏虽半老徐娘，却整日里涂脂抹粉，平素里一向不检点，打扮得花枝招展，把丈夫辛辛苦苦挣来的钱几乎全用在装扮上，惹得街坊邻里直戳脊梁骨。丈夫对她的一些风骚事也有耳闻，但苦于自己二十大几花了许多聘礼才娶来的媳妇，只好忍气吞声地将就着过日子，盼她回心转意。王氏早就与奸夫谋划着要杀死他，只是没有找到合适的机会。今番他从仇人那儿醉酒归来，真是天赐良机，就把他杀了。仓促之间，找不到地方隐藏尸首，恰好房内有个土炕，中间是空的。于是他们拿开炕砖，把尸首割成四五块，塞到里面去，

▲ 元朝妇人装扮

再把砖放好，整理现场，恢复到原来的样子。两人合谋好明天的对策之后，又忘情地放荡起来。

第二天，王氏到工长家里呼天号地，说："我丈夫昨天没有回来，必定是被你给害死了！"王氏又到警巡院控告。警巡院以工长与木工有仇，就逮捕了工长。找来一同饮酒的几个伙计讯问，都说喝完酒后各自回家，后来的情况就不清楚了。为此，警巡院对工长严刑拷打，工长受不住酷刑，屈打成招。

王氏见工长承招，心里窃喜。但面上还得装出悲恸的样子，在家里为丈夫大办丧事，又是通知亲属，又是请人做道场。

话说警巡院那边也在忙活着，逼问工长杀人后尸首放在哪里。追逼急了，工长说："丢在壕沟里。"警巡院即命仵作二人到壕沟寻找，结果一无所获。这时，刑部、御史和京兆尹三个地方都催促结案。警巡院起初限仵作十天找到尸首，仵作没能找到；第二次限定七天，又没找到；第三次限五天，第四次限三天，仵作四次被打板子，而尸首仍然找不到。

到第五个期限的最后一天，两个仵作坐在壕沟边哭丧着脸说："尸首找不到，看来板子没个完啊！"于是二人商量另外杀个人顶替尸首应付差事。天黑的时候，他们看见一个老翁骑驴过桥，就把老翁推下水去淹死，把驴放跑了。他们在警巡院那边又搪塞应付了十来天，估计老翁的尸首已腐烂得难以辨认了，就抬来回报。警巡院命人叫王氏来察看认尸，王氏抚摸着尸体大声痛哭，认定这具腐烂的尸首就是自己的"丈夫",并把"丈夫"的尸体抬到壕沟旁为他招魂,变卖了自己的首饰和耳环,买了一口棺材把尸首入葬。这个案子就这样了结了。

在此案还没来得及上报的时候,骑驴老翁家里的人,四处寻找,仍不见老翁。这时他们看见有一个人背着一张驴皮在路上走,像是他们家驴的皮。就上前夺过来打开一看,皮上的血迹还未干,随即揪住背驴皮的人告到县衙。因为县衙刑讯逼供,背驴皮的人只好承认自己要抢老翁的驴,老翁反抗被他杀了,尸首藏在某个地方。但到指定的地方去找,没有。后又改说在另外某个地方,口供改了几次,而尸首终究找不到。后来,这个杀驴人受不住折磨,就死在牢里了。

过了一年多,木工被杀一案的批复下来了,把工长捆绑起来投进死囚牢。木工们对此大鸣不平,都为冤枉他而感到愤慨,但又不能替他把冤屈弄明白。后来,工长竟然被斩首了。众人更加哀叹不已,就到处查访这事情,但一无所获。于是大家凑足一百锭银子,放在大路口,用一木牌标明:有谁知道那位木工死的情况,就用这些银两酬谢他。

话说当初王氏为其丈夫做道场的时候,乞丐们都拥来讨吃的,有个小偷也和乞丐一起前来乞讨过。一天,小偷要到一个人家去偷东西,见天色尚早,他熟悉王氏家的门户,就暗中靠着墙壁等待。将近打更的时候,忽然看见一个喝醉酒的人踉跄着进来,凶狠地怒视王氏,继而拳脚相加,不见王氏出声。等到醉者睡了以后,只听王氏在灯下轻轻地责骂说:"你这薄情寡义的东西,我因为你才杀死了丈夫,将他分尸几块,藏在土炕里已有两年多了!土炕既不可拆掉,又不敢填死,还不知道我丈夫的尸首是否全都腐烂了。如今已到这步田地,你竟这般虐待我!"说完,一会儿长吁短叹,一会儿嘤嘤哭泣。

小偷在窗外全都听见了。天亮以后,到木工场中对大家说:"我已经知道木工死的情况了,赶快给我钱。"他叫众人远远地跟着他前往。

小偷装着喝醉了酒，到王氏家里油腔滑调。王氏大骂，邻居也七嘴八舌地抱不平，还有的要打他。这时，小偷急忙上到土炕上搬起一块砖拿在手中，作出要打架的样子，这样尸首就暴露出来。众人突然拥入，扭住王氏送往官府。妇人招认：那个喝醉酒的人，就是她的奸夫。官府再问壕沟中的尸首从何而来？二仵作认罪说，是把骑驴的老翁推到水中淹死后，拿来交差的。

两个案子水落石出，真相大白。仵作和王氏及其奸夫，在集市上被凌迟处死。原来判处工长死刑的官吏都终身不许做官。

■ 巡夜危机：无赖徒杀人嫁祸

元朝英宗年间，吴兴县有个叫李忠厚的平民，因出城探亲到夜间很晚才回家，被巡夜的张福儿按宵禁的法律抓住，捆绑在一个亭子下面。当时，元朝统治者野蛮地把人分为四个等级，分别实行管治。蒙古人和色目人属于一、二等，他们可以管治汉人；长江以北的汉人属于第三等，管治稍宽松一些；江南人属于第四等，管治得比较严，规定夜晚实行"宵禁"，从一更以后到五更以前，人们不准外出，不准闭门，不准点灯。

李忠厚被捆在亭子上后，张福儿就又到其他街巷夜巡去了。大约过了一个时辰，李忠厚见四周无人，就挣脱绳子逃跑了。这时有个人从后面拿着枪追了上来，刺中了李忠厚的胸肋，李忠厚顿时血流不止，昏死过去。那人以为李忠厚必死无疑，看四下无人，于是从容地逃离了现场。

第二天清早，李忠厚家里人见他一夜未归，知道事情不妙，就到处寻找。终于在亭子不远处，找到了奄奄一息的李忠厚，抬回家后，找来郎中医治。郎中翻了翻李忠厚的眼睑，然后，又把了把脉，摇头退出。家人急忙跟了出来，郎中说："时间拖得太久，失血过多，已救不活了，快准备后事吧。"李忠厚的哥哥李忠远赶紧跑进里屋，问道："弟弟，是什么样的人杀你的？"李忠厚半天没有回音，最后嚅动了一下嘴唇，断断续续地说："是戴白帽子、穿青布衣服的……高个子……"话没说完就断气身亡。李忠远告到官府要求捉拿凶手。官府听得此案，认为案情很明显，因此就查问道："昨天夜里当班巡夜的人是谁？"有人回答是张福儿，于是县官就把张福儿抓来问罪。起初，张福儿不承认，可三次大刑过后，张福儿无奈招了供。承认是自己巡夜时，发现李忠厚后用枪将他捅死，怕追究责任，未禀报实情。案情非常简单明了，县官就判了张福儿的徒刑。

张福儿坐牢第三个年头上，有个叫邓文元的学士，出任浙江廉访司的佥事，到吴兴审查案件，看了张福儿一案的卷文，发现了疑点。于是，就在案卷上写了几句批文："福儿身高不足六尺，不见其高；枪伤在右肋，而福儿平时惯用右手，按理枪伤应在左，为何却伤在右边呢？"批文下来后，官府只得重新进行审理。通过内查外调，果然抓到了真正的凶手。于是释放了张福儿。

原来，真凶就是李忠厚的邻居孙四。这人好吃懒做，平日里爱拈花惹草。孙四多次到李家调戏其妻徐氏，都遭徐氏拒绝。徐氏将事情告诉了丈夫李忠厚，李曾找孙四警告过。为此，孙四怀恨在心，总想寻机报复。这日，听说李要出城探亲，就尾随伺机下手，无奈路上人多，无法动手。于是，孙就在路旁守候，直到深夜，李才回来，等跟至城内，李又被巡夜的人发现，逮住绑在亭子上。

▲ 古代民间杂耍

孙四暗自欢喜，这可是天赐良机。不一会，只见那巡夜的人走开远去，李又挣开绳子想逃走，于是，孙四就赶上去一枪刺去，李忠厚倒在血泊中。孙四自以为这下可嫁祸那巡夜的人，哪知过了三年，案情被重新审理出来，还是没能逃脱法律的制裁。

■ 一箭双雕：杀妻嫁祸娶妓女

清咸丰年间，河北赵县李村有一对亲兄弟，哥哥叫赵忠，弟弟叫赵义。父母在世的时候，家庭富裕，分别给他们娶上了妻子。哥哥赵忠的妻子张氏非常漂亮，却醋性十足；弟弟的妻子王氏虽然不算漂亮，却很贤慧。兄弟二人一起种地，一起生活，不分你我，和和睦睦，邻人非常羡慕。

光绪二年，他们父母相继去世，兄弟二人分家另过。赵忠的妻子张氏嫁过来五年了，始终没有为他生个一男半女，赵忠心里十分着急。而赵义的妻子王氏第二年就给他生了个胖小子，赵义喜不自禁，他早就对哥哥讥讽王氏生得丑陋怀恨在心，现在他有了继承人，而嫂子无子，言语中总少不了对哥哥的挖苦，赵忠对此十分不满。渐渐地兄弟二人产生了隔阂，时时因一小事发生口角。

又过了两年，赵义的儿子渐渐长大，而张氏仍然没有生育，赵忠更加忌妒弟弟，经常找借口与弟弟争吵，从此兄弟二人互不上门，视若仇人。

赵忠思来想去，认为他不能无后，但又惧怕妻子，不敢纳妾。为了解忧，他开始瞒着妻子与镇上一个妓女来往，不久二人打得火热，这一切妻子全然不知。后来，在那个妓女的怂恿下，他准备找机会休了妻子，再娶妓女。不久，张氏对赵忠的丑事也有耳闻，但由于没有证据，她没有贸然行动。

也是赵忠活该露馅。一天，张氏谎称回娘家住几日，赵忠爽快地答应了。妻子一走，赵忠就马上约妓女来到家中幽会。

到了晚上，二人正在床上鬼混时，张氏突然回家，赵忠慌了神，赶紧起身穿衣，向妻子求饶。妓女却不慌不忙，光着身子站在那里，讥笑赵忠惧怕妻子实在无用。张氏大怒，转身扭住妓女的头发就打，赵忠赶忙来救妓女，他抄起了身边的一根木棍朝张氏头上砸去，张氏一声未哼倒在地上，一命归西。赵忠见妻子已死，吓得瘫坐在地上，没了主意。妓女十分镇定，告诉他如此如此。

第二天一早，赵义起来开门，突然看见嫂子吊死在他家大门上，吓得不知所措。这时，赵忠从家里出来，看见妻子吊死在弟弟的门上，立即到县衙喊冤："今天一早，我妻子到赵义家借米，不知什么原因却吊死在他家门上。我们两家素来有仇，可能是赵义杀死了她。望大人为小人做主。"

知县马上亲自带领差役前去验尸，发现死者衣着十分整齐，死前没有搏斗的痕迹，后脑部位有一个血洞，显然是被人杀死后移尸于此。同时，细心的知县从头到脚，仔细察看了死者，希望找出蛛丝马迹。突然，他的眼睛停留在死者的脚上，知县脸上露出了笑意。他命令差役将赵义带走，同时让赵忠一起到县衙抄录口供，随后让他暂时回家，听候消息。知县乘机在心腹差役耳边说了几句，差役心领神会，直奔赵忠家中。不久回到县衙复命。

第二天，知县传赵忠、赵义到县

▲ 古代女鞋

第一章 罔顾良知——诬告陷害

衙听审。只听知县当堂喝道："赵忠,你嫌弃妻子多年不育,早就和另外的女人勾搭成奸,现在你杀死妻子,妄图嫁祸于人,还不快快从实招来!"赵忠还想抵赖,不肯承认。

知县又喝道："你妻子身上衣物整齐,如果和赵义发生口角后被杀,肯定有搏斗的痕迹。我仔细察看,她脚上没有一点泥,但天快亮时,下了一场小雨,说明是被杀死后移尸到赵义门上的。还有,你家墙上还有没洗干净的血迹,在你家院子里还挖出了你杀死妻子的凶器——一根木棍,上面还有你妻子的头发。你该明白了吧。"

赵忠见证据确凿,只好把与妓女幽会被妻子发现,发生争执,失手打死妻子,然后嫁祸于与他有仇的弟弟的事实供认出来。

赵忠本打算借机嫁祸于弟弟,同时,将相好的妓女明媒正娶过来,来个一箭双雕,想不到被知县识破,成了死囚。

第三节　伪证奇案

■ 窝藏妾室：驸马崔宣谋反案

唐朝武后当政时，有人罗织罪名诬告驸马崔宣妄图谋反。武则天派御史张行岌审理这个案子。

告状的人用利诱手段，先把崔宣的一个小老婆隐藏起来，然后诬称："驸马崔宣有个小老婆，知道崔宣谋反的阴谋，准备告发，被崔宣杀死，把尸首抛到洛水里去了。"

可是经过反复调查，张行岌没有发现崔宣谋反的罪证，并以此报告朝廷。武则天不信，发了脾气，下令再查，张行岌却坚持认为崔宣没有谋反的迹象。

武则天对张行岌说："崔宣谋反事实清楚，你故意宽纵他，我要让来俊臣（当时有名的酷吏）重新查验，到时候你莫后悔！"

张行岌答道："我办案赶不上来俊臣，不过，陛下既然委派了我，我就必须如实奏报。如果一味顺从圣旨而无根据地杀人灭族，决不是公正的法官。我想这是陛下在考验我吧？"

武则天严厉地说："崔宣如果真的杀掉小老婆灭口，那么他谋反的罪行就证据确凿。找不到这个女人，他怎么能洗脱清白？你如果再查不出真凭实据，我就一定下令让来俊臣去审理处置，并追究你放纵

▲ 武则天

重犯的罪责，你当心点！"

张行岌下朝之后心中很恐惧，就逼迫崔宣家无论如何要找到失踪了的小老婆。崔宣的堂弟思竞便在附近悬重赏访查那个女人的下落，一连数日毫无消息。他们每次在家中议论办法，告状的人很快就了如指掌。思竞深觉怪异，估计家中有内奸，于是，他假装对妻子说："准备三百匹绢，雇一个刺客去杀死那告状的家伙。"然后乘天色未明，思竞换上别的衣服，悄悄隐藏在监押告状人的地方附近观察动静。

崔宣家有一个幕客姓舒，婺州人，平时一向言行谨慎办事可靠，深受崔宣的信任，一直把他当弟弟看待，整个宣家对他毫无避忌。思竞隐藏不久，只见这个人从小门溜进去，接着，就传出了告状者声称崔家要雇人行刺、请求追查的消息，弄得一片惊慌。

思竞与姓舒的幕客关系一直很好，姓舒的并不防备他。他见姓舒的出来，暗暗跟踪，走到一个桥头，料想姓舒的再也不会去官府了，便一把抓住骂道："你这个狡猾阴险忘恩负义的坏蛋！如果崔宣被定为谋反，一定要说你是同谋共犯，看你怎么洗清！如果你放聪明点，赶快告诉我那个女人的下落，我就送你一大笔钱，足够你一世享用的了。不然就杀了你！"

姓舒的听后赶忙赔礼道歉，表示愿意悔改，便带思竞到告状人的同伙家中，搜获了崔宣的小老婆。这样，崔宣才免遭了被诛灭全家的灾祸，诬告崔宣的人也不得不认罪。

■ 主观猜疑：陷害仇人泄私愤

宋理宗在位时，赣州雩都县黎子伦家遭到强盗的抢劫杀戮。子伦因外出幸免，等回家一看，满院狼藉一片，贵重财物所剩无几，妻子和两个家仆被杀死在屋里和院内，其状惨不忍睹。黎子伦平素与他的同族黎家三兄弟有仇怨，便怀疑是他们干的，于是一纸状子就告到县衙里。

县令得报后，便差派县尉成某负责追查，捉拿凶手。黎子伦也不敢确定就是黎家三兄弟所为，但已骑虎难下，再则他想通过这件事整治一下黎家三兄弟。为达目的，黎子伦贿赂县尉逮捕了黎千三、千五、千六和邻居、亲戚等十五人，解往官府。黎子伦自己则带领一些人赶走了千三的妻子，烧了他的房屋。

在官府里，县尉指使差役们对黎千三等严刑拷打，但他们都拒不认罪。因为没有赃物和证据，子伦于是便买通无业游民刘十四为证人，又暗中把杀人凶器事先找地方藏好，再带着官府的人去搜查。县尉终于得到了杀人凶器作为物证。这样，人证、物证确凿，黎千三兄弟三人在强压下只好承认了罪行。

事有凑巧，过了不久，巡司抓到真正的强盗丁官等十六人。这下可吓坏了县尉和黎子伦，于是子伦又出了些银两，贿赂那班办事的差役，与县尉密谋，把黎千三定为首犯，丁官等为从犯，案子就这样定下来，把人犯押送州府。州里进行复查，也没有提出异议。

案子申报提刑司时，提刑司长官吴革对此案表示怀疑：县尉记录的黎千三最早的口供里，并没有与丁官等人是同伙的供词。巡司记录的丁官等人最初口供里，也没有黎氏兄弟的名字。他们是怎么一起作案的呢？于是，吴革决定重审。在分开单独审讯他们时，黎千三大呼冤枉，而丁官等人认罪。吴革决定，把知录和县尉对调，将人犯送去重新审理。

不几日，丁官等人抢劫杀戮的罪行全部查清，凶手们受到了严厉的惩处。原来审理此案的官吏受到查究；州、县官吏发配广南。知录赵某、雩都宰赵某和县尉成某都给予降职或罢免处分。黎子伦诬告陷害，被判处杖刑，流放到五百里以外去守边关。考虑到其家遭受抢劫杀戮，暂免流放，罚谷三十五担，并给黎千三建造房屋。

■ 伪造契约：模仿字迹造诬案

李文在于乾隆二十三年任广西梧州司马时，同时代理苍梧县令，凭着出众的才能，曾使一些不法之徒闻风丧胆。

当时，他在任职中审理了这样一起案件。县城西门外枥木桥有个破落子弟叫余阿吕，一天，他状告米店老板邱以诚忤逆犯上，殴打主人。李文在接过状子后，当面询问。余阿吕说："邱以诚曾于康熙五十九年，卖身给亡父余启雾为仆。乾隆二年，父亲去世，家境艰窘，无力养活佣人，邱以诚便出外谋生。现今，他当了米店老板，发了大财，而小人还是贫穷，无依无靠。故向他提起以前的卖身为仆的事情，希望他能赎回卖身文契，小人也好得以糊口度日。不料他昧着良心，死不认账，而且还肆无忌惮地挥拳

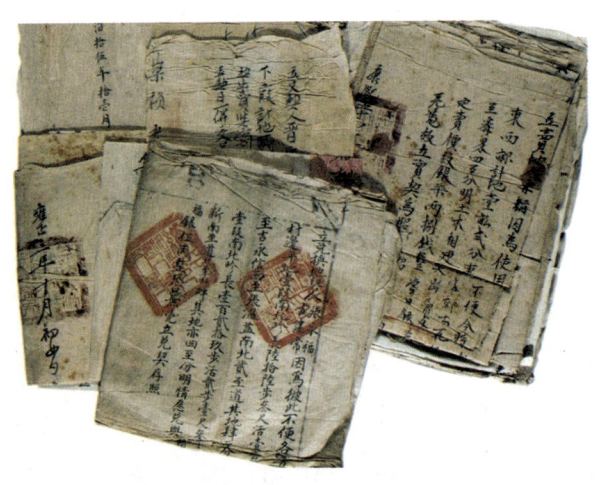

▲ 清代契约原件

把我打伤,现今伤痕还在。他亲手写的卖身契约还完好无损,请爷查看。"

李文在传邱以诚到堂。邱以诚申辩说:"小人在驿站前开了个米店,余阿吕多次来店赊米,欠钱已达到十千(钱一千为一贯,十千即十贯),这都有账簿可查。我向他要账,他不肯还,彼此争吵,互相殴打。说我是他的家奴,那全是他凭空诬告好人。"李文在考虑到余阿吕持有邱以诚亲手写的身契,便令邱以诚按照文契的语句,抄写了数行,见笔迹近似,于是对其进行了严厉审问。邱以诚涕泪交流,坚决不承认写过卖身文书。看那情形,不像说谎。李文在恐怕冤枉好人,没有急着决断,退堂之后,便与募僚钟灵泉商议。钟灵泉沉思良久,从书架上取出《康熙字典》与历书,查看后对李文在说道:"这是张伪造的契约。以前,姓'邱'的都写作'丘',不加偏旁。到雍正年间,因为避讳孔子的名字(孔子名丘,字仲尼),才加旁而为'邱'。卖身文契写于康熙五十九年,姓'邱'的当写作'丘',现在契书中直接写成'邱'字,可见是后来伪造了。而且,邱以诚今年四十九岁,考其出生年月,当在康熙五十九年,那时他才十岁。街道上十岁孩子,能写出这样字迹端正的契约来吗?你若严加审问原告,便会知其真情。"李文在认为钟灵泉的分析有道理,就审问余阿吕。问其丘字加旁始为姓氏之故,余阿吕当然无话对答,低头颤抖。再追问文契是何人所写,他开始还想狡辩抵赖,后来由于害怕严刑拷打,才交代说:"以前与邱以诚交往甚好,希望能资助些钱米,结果不仅不给,反而要追还旧债。有个叫朱阿良的,很会摹仿别人的字迹,也一向跟邱以诚不合。他教小人取来邱以诚的笔迹,代写了这张卖身文书,我就用它来诬告邱以诚。想不到朱阿良只会仿写别人的字体,学问不大。"

之后,李文在下令拘传朱阿良到案,命他摹写邱以诚笔迹,完全与余阿吕说的一样。遂严惩余、朱二人,戴枷示众。并追回欠债还给邱以诚。邱以诚感激李文在，叩头致谢而去。

■ 逃避罪责：造假案无辜受害

清朝嘉庆年间，在扬州江郡县境的江面上发生了一起炮船和贼船交火的事件。当时。炮船正在江面巡逻，发现迎面开来一只船形迹可疑，令其向炮船靠拢接受检查。此船见来势不妙就采取了先发制人的策略，待两船靠近时，用火药包将炮船上的兵丁全部炸死，然后逃离而去。事后，经管此事的特营官怕连累自己，谎报说这次巡逻与贼船交火，海盗拒捕，哨官被水淹死，兵勇被杀死五人，伤了十人。还让浙江巡盐船上的一名广勇冒充三口营炮船上的人作"见证人"，配合瓜州镇总兵到上海缉捕盗贼。

六月初，这个见证人及缉捕人员到达上海后的第二天，他们就在茶馆里将一个船上的广勇当作盗贼抓了起来，随后又从船上抓捕了两个广勇，并同昨天抓的一个一起押到上海县衙审讯。

时任上海县令的陈其元，叫"见证人"述说他见证情况，该证人说这三个盗贼一个是往船里扔火药包的，一个是隔着船拿着兵器杀了兵勇的，另一个是跳到炮船上钉炮眼，让炮船上的火炮发挥不了作用的。

陈其元前几天已拿到总督府发来的公文，让各地方官和水师营将官严紧缉拿江面上盗贼，因此他不敢怠慢，立即将犯人提来反复审讯。尽管他对那三个犯人采取了刑讯，可是令人奇怪的是，一连审了两天竟没有一个招供或呼叫冤枉的。陈县令感到有点离奇，因此在堂询问见证人："那天，盗贼既然先发制人，把火药仍到你们炮船上，船上烟雾弥漫，谁杀人，谁钉炮眼，你怎么都看得清清楚楚，辨认得出来？""贼船和炮船经常泊在一起，船上的人每天上岸，在镇上我们经常见面，因此虽然在烟雾之中我也可以辨认得一清二楚。"见证人理直气壮地回答道。

陈县令无法，第二天又接着审讯，但毫无进展。缉捕官员看到审讯毫无效果，怀疑陈县令心慈手软，对盗贼不敢用刑，就到道员那里告了一状。陈县令得知此消息，更加焦急不安，只得请求道员增派人员会审。道员认为南汇县县令叶顾之办事能干，决定让他来审。

叶县令上任后，对三个盗贼审了一天，仍然没有进展。陈、叶二县令私下一商议，看法竟完全一致，认为此案至今没有调查清楚，犯人可能都是冤枉的，因此审讯时态度反常。但缉捕官和那个"证人"却一口咬定此三人是真盗贼，仅仅是态度顽抗，拒不认罪，应依法惩处，火速结案。

他们之间的意见传到上面，总督又增派皖南镇总兵刘启发来参加会审，协助破案。刘总兵奉命赶来会审时，随身带着两个人，一个是船夫，一个名叫陈来的人。据船夫供称，四月那天，他的一艘船被雇贩猪停在江口，不料有一群盗贼跳上船来，将贩猪客人和船夫都捆绑起来关在舱底，然后驾着他的船拦船抢劫。过了不几天，盗贼们摇着橹驾船感到十分疲倦，陈来就劝强盗首领把船夫放出来，和他们一起摇橹行船。船夫在盗贼的监视下为他们驾船，亲眼目睹盗贼们在江面三次抢劫了外来船只，最后碰上了缉捕他们的炮船，拒捕后，开到江阴口，才弃船登岸狼狈逃跑。后来已经逃跑的贩猪客人，到靖江县报了案，因为这个船夫和盗贼相处很久，认识他们，所以刘总兵把他带了来。那个陈来原是水师营里的蓝翎千总，在这次抢劫案中与盗贼同伙，刘总兵依靠船夫的指点，当天在玻璃肆里将其捕获。刘总兵打算利用陈来作眼线，扩大线索，侦查破案。

陈、叶两个知县十分高兴，认为有刘总兵协助和陈来及船夫做见证人，结案指日可待。可是，当让那个船夫去辨认先前捕获的三个广勇时，缉捕官和他们带来的"证人"竟对船夫共同威胁，吓得船夫违心谎称三人是盗贼，但那个陈来见此情形，又翻供否认自己以往的罪行。案情出现了反复，陈、叶二县令以及刘总兵共同分析，认为还是要抓住陈来不放，但目前对他不宜用刑，应以诱供及给他一个戴罪立功，争取宽大处理机会为宜。第二天，三人参加了会审，陈来一开始十分狡猾，气焰嚣张，只是在反复劝导和刘总兵指天发誓允许他戴罪立功时才如实供认，说一盗贼的首领和他同乡也是两广人，过去一块在水师营辅佐花翎守备，现住在六合县城里，开一个土货钱庄，他的同伙一共有十二人，都是惯盗，现逃窜在镇江。陈来还为自己辩解，说自己原来在扬州开烟馆，跟他们本来不是一伙，这次行盗是强盗首领邀他参加的。刘总兵带人让陈来辩认以前逮捕的三个广勇，陈来说这三人都不是盗贼，船夫所说的是假。根据陈来的供词，刘总兵又用他作眼线，到六合县逮捕了为首的七个盗贼，将他们审问清楚并依法处死。这七个盗贼也供认此案与在上海逮捕的那三个广勇无关。

可是，问题并没有到此结束。在缉捕官和"证人"的执意坚持下，瓜州镇总兵吴君偏听偏信，并将情况上报总督，总督命令将那三个"盗贼"押到金陵再审。陈其元不久被解除了上海县令职务，由应廉访接任。一直到八月中旬，应廉访到了金陵才见到总督，极力劝说建议重审。总督交由方伯复审该案。

方伯判案公正廉明，敢于坚持自己意见，他受理该案后，经过认真调查，查清了全部案情，面对假证人及

缉捕官员,他义正词严批驳说:"由于你们的阻挠,此三人被无故逮捕严刑拷打,至今已有数月,仍得不到平反。如今,真正的盗贼十二个人中的七个首犯已被依法处决,陈来关在监狱里,等候逮捕其余的罪犯后再行处理。而你们还想欺骗上司,借故逃避罪责,难道非要我把事实真相全部揭出后,你们才罢休?"方伯的话是话中有音,正击中他们的要害。这样,案子才很快地定了下来,那三个广勇才被宣告无罪释放。

拓展阅读

从外地来了两个陌生人

南北朝时期,北魏定州(今河北省定县一带)解庆宾、解思安兄弟,因犯罪被流放充军到扬州。服刑之中,解思安乘人不备逃之夭夭,潜逃回原籍。

解庆宾害怕役吏追赶,为了转移视线,便冒认在城外发现的一具无名尸体是其弟解思安,还亲自将尸身护送回乡安葬。

由于死者面貌和解思安很相像,大家看了真伪莫辨,这时正好有个巫婆阳氏像煞有介事地说她碰到一个鬼,鬼告诉她说解思安被害之后又饥又喝,吃了不少苦头。这一下,解庆宾更是振振有词,一口咬定他弟弟是被同军兵士苏显甫、李盖杀害的,要求官府罚办凶犯。

案件告到州官处,苏、李二人经不住严刑拷问,被屈打成招。判决将要执行时,扬州刺史李崇认为疑点很多,命令停止执行。

为了查清真相,李崇派了两个本州居民不认识的人,假装从外地来,找到解庆宾说道:"我们从三百里外的北州来到这里。在那儿,曾经遇见了一个人,夜间同宿,发现他行动可疑,追问之下,他说是逃亡的流犯,名叫解思安。当时我们本想将他扭送官府,但他苦苦哀求说,他有个哥哥叫解庆宾，现住扬州相国城内，嫂子姓徐，请我们怜悯他，开脱他。并让我们向他哥哥报信，说只要讲明情况，他哥哥定会重重报答，倾家荡产在所不惜。他还说，现在我们已知道了他的情况，如果在扬州找不见他哥哥，再将他送官不迟。我们现在找到了你，你如果想去见他，即可前去相见；如果不信，随便去看看也行。"

解庆宾听了怅然失色，请求稍为等待，以便准备财物。

这两个探子立即将情况报告李崇。李崇传讯解庆宾，问道："你弟弟明明是戴罪逃亡，为什么你要冒认尸身？并竟敢诬陷他人，这还了得！"

解庆宾听后，知道事已败露，只好叩头认罪。李崇又讯问苏显甫和李盖为什么承认杀人，他们都说因不堪重刑，才被迫诬服的。

不久，解思安也被抓捕归案。李崇又召来那个胡说八道的巫婆阳氏，严加训斥，鞭笞一百下，以示惩罚。

第二章
"孔方兄"——偷盗贪财

　　所谓偷盗，即盗窃钱财犯罪，指的是在没有经过主人的允许下，拿走属于主人的东西。这是违法行为。因为中国古代钱币多为外圆内方，所以古代士人戏称钱财为"孔方兄"。又因为钱财能够让人过上富足的生活，也因此致使贪财的盗贼"明知山有虎，偏向虎山行"。

第一节　谋财害命奇案

■ 乔装打扮：妓盗谋财害性命

清康熙年间一天清晨，在城外一条僻静的小路上，有两个人用一块床板抬着一个人。上面盖着缎面大花被，床上那人侧身躺着，枕上露着头发，头发上插着一支凤钗。另外三四个壮健的男人两边跟着，行色匆匆，还不时地给床上那人掖被子，生怕露出什么似的。这伙人一会儿在路边停下来，稍作休息，就又换两个来抬，然后便急忙向前赶路。

这一切都被到邻县交涉公务的罗城县于成龙知县看在眼里。于知县可非等闲之辈，他以勤政廉洁、精明干练著称，因而深得康熙皇帝的赏识。于知县迎面见过这拨人后，便心生疑窦。随即派了个差役过去向他们问话，差役问道："诸位抬着担架行色匆匆，这是要到哪儿去？"只见人群中走出一虬须中年人，应对利索地答道："我妹妹病得快要死了，送她到前村婆家。"说罢又急急忙忙赶路。差役回头报知于知县后，于又派另一个差役说："你跟在那拨人的后面，看他们到哪个村子去。"差役远远地跟在那伙人的后面，看见他们走到一个村头的小屋，两个男人把他们接进屋去。差役回来后，把刚才看到的情况报告给于知县。

进城后，于成龙问这个县的知县城中可曾发生过抢劫案件，知县回答说没有。其实,于成龙心中明白,朝廷对治安要求很严格,上上下下都忌讳说发生盗案。即使被盗贼抢劫或者杀害也只好自认倒霉,不敢对外声张。于成龙和知县只好心照不宣地按下这个话题,谈扯别的。

▲ 古代玉器

当于成龙住下后,便吩咐随从在城中仔细查访。

果然,很快便访得一家有钱人家被抢,那家主人还被强盗用烧红的铁器烙烫死了。于成龙便派人把死者儿子找来,询问被劫的情况。起初,那人坚决不承认有抢劫的事情,于成龙只好说:"我已经替你把强盗捉住了,找你来并没有别的缘故,只是查对一下。"死者的儿子听后,这才跪地叩头,请求为其父报仇雪恨。于成龙连夜去见该县知县,并派能干的差役四更的时候离开县城,悄悄地包围了那村头小屋。当时屋内盗贼正为分赃七嘴八舌地争上争下,差役们神兵天降,一举将其全部抓获。押回后一审,他们便如实交代了作案经过。

原来,这伙盗贼有天晚上同住在醉春楼妓院里,各自寻欢作乐后来到一个房间,与妓女合谋抢劫一有钱人家。妓女为其提供了线索,几个强盗当夜踩好"盘子"后,第二天夜里实施了抢劫,并把那家主人用烧红的火箸烫死。之后,把抢来的钱财放在床板上,让妓女抱着躺在上面,出城到窝点后分赃。

人赃俱获后,在场的人无不称赞于成龙的机敏、精明。有人问:"于大人怎么知道他们就是强盗?"于成龙说:"这很容易知道,只是人们不关心罢了。哪有年轻妇女躺在床上，肯让别人把手伸进被子里的！而且，担架要换人轮流抬，表明担架很重；两边有人用手保护，可知里面有贵重东西且怕被人看见。再说，要是病得很重的妇女来了，必定有妇女在门口迎接，而那里只有两个男人，并毫不惊慌，连一句话都不问。从这里我便断定，他们是一伙强盗。"

■ 因果报应：恶有恶报无好果

江苏武进县有庄氏兄弟三人，倚仗其中二人是府县武学堂生员，上通官府，胡作非为，欺压百姓。人们称之为"庄氏三虎"，都敢怒而不敢言。

当时，县里一连发生了许多起盗窃案。盗贼们打家劫舍，抢夺钱财，谋害人命，搞得满城怨声载道。武进县令多次严厉斥责属吏、捕役缉查不力，还将他们的妻子作为人质关进监狱，限期破案，然而盗贼依然是行踪诡秘，逍遥法外。一天，捕役们聚集在一起商讨侦破方案，顾某说："依我个人想法，近来盗贼如此猖狂，发案率这样高，主要是由于他们感到作案后有地方窝藏，不怕官府追查。庄氏三兄弟是这里有名的土豪，他们与社会上一些渣子广为结交，来往密切，十分可疑。不妨到他们那里去侦查一下，也许能得到某些线索。"大家都表示同意。当夜，顾捕役登上了庄氏大院的房顶，暗中窥探房内的动静。只见房中灯烛通明，如同白天，有些人正围着一口棺材，在为死者入殓，但是他们既不悲伤又不哭泣，反见喜笑颜开，乐不可支。这使顾捕役感到十分奇怪。

为了探听虚实，翌日，顾差役又装扮成乞丐，到庄家门前去乞讨，顺便问庄家的家丁："房内的棺木锃亮，府上哪位老爷故世了？"答："是庄氏的叔叔。"顾差役从周围邻居得知，半月前庄氏兄弟死了叔叔，但其叔的棺材早已埋葬了。他心中更加怀疑，就把情况报告给县令。县令立即带了兵丁、差役赶到庄府。庄氏三兄弟不知何故，忙穿戴整齐，迎了出来。县令进府，坐定后

▲ 古代银锭

劈头问道："棺中所装何人？"三兄弟回答说："是我叔叔。"顾捕役在一旁插嘴，要求开棺验尸。庄氏兄弟故作镇静，傲气十足的说："我叔叔入殓已久。现在无故要求开棺验尸。若没有问题，你能承担开棺验尸之罪吗？"顾捕役同意立下军令状，要求开棺验尸。可是。等到打开棺盖一看，里面竟然是一老翁。顾某见此情景大吃一惊，急令其余差役进行搜捕，想趁机在混乱中躲藏起来。哪知庄氏兄弟一齐上前围着顾差役等人打了起来，顿时房内乱作一团，顾差役躲藏不及，三兄弟要他承担开棺验尸之责，可他对尸体仍有怀疑，就趁人不备，将计就计，飞步上前将盖在尸体上的衣裳全部揭去，方见除了首级之外，尸体全部是假的，里面窝藏的尽是黄金与白银。庄氏兄弟被顾捕役揭穿了秘密，吓得面无人色，只得束手就擒。

到了县衙，县令对庄氏三兄弟严加审讯。他们被迫供认，棺材中所有的黄金白银都是盗贼的赃物。只因县里差役缉查很紧，盗贼和他们串通一气，想了这个计谋，隐藏赃物，待以后伺机均分。庄氏三兄弟还供出了同案犯及盗贼十几个。县令根据他们提供的线索，又接连侦破了许多抢劫凶杀案。盗贼与庄氏三兄弟后来被斩首示众。

第二节 窃贼奇案

■ 擒拿真凶：武皇限期破盗案

唐朝武则天曾赏赐自己女儿太平公主珍宝若干，价值数万两黄金。太平公主十分珍爱这些珍宝，不料一日全部被盗。公主禀告母后，武则天听了大怒，责令洛川长史三日内抓获盗贼归案，逾期即予治罪。长史毫无线索，一筹莫展，只得限期两天，让属下县尉去侦破此案，否则要将他们处以死罪。县尉们又立刻命令职掌巡禁盗贼的属吏和乡官去查办此事，限期一天，逾期要以命抵罪。时间十分紧迫，谁也没有想出一个好计谋来迅速破案。眼见一场牵连多人的灾祸就在眼前。

▲ 唐代玉马

恰好，这时侦破能手苏无名因公来洛阳。苏无名是浙江湖州刺史的属吏，素以擒奸捕盗著称。苏无名由长史引见，朝见了武则天。武则天让他擒盗破案，苏无名受命后要求道：一是请陛下不要限定破案日期；二是请求赦免长史、县吏等其他无罪之人；三是要求将两县的擒盗吏卒由自己调遣使用。只要有这三条，力争不出数十日定能破案。武则天表示全都同意。苏无名让吏卒们先宽下心来，暂缓侦察，直到清明节前两天才具体布置说："你们五人或十人一组，到东门或北门去等候，如发现有十几个胡人穿着孝服成群结队到北丘山的贵族葬坟地去，一定要秘密地跟踪追迹，切勿疏忽大意！"吏卒们奉命而去，果然看到一帮人到北丘的一个坟前设奠凭吊，但却哭而不哀。凭吊结束后，他们在坟墓周围察看一番，相视笑了起来。吏卒们见此情景，急忙飞报苏无名，苏无名下令拘捕诸胡人并命令吏卒掘墓开棺，棺材里装的果然就是太平公主所丢失的那些珍宝。盗贼见赃物俱在，只得叩头服罪。

　　苏无名将情况奏明皇上，武则天大喜，问道："你是用什么计策捕获这批盗贼的？"苏无名答道："我到京都的那天，听说太平公主的珍宝被盗，恰巧遇见这批胡人行动诡秘，齐装出殡，我就怀疑他们是盗贼，棺材内可能是偷盗来的赃物，只是当时还不知道他们将在何处销赃，所以不好下手。今天是清明节，百姓都按照习惯祭祖扫墓，我估计这批盗徒会趁机出城去取珍宝，所以我命令吏卒跟踪。他们在坟前哭而不哀，然后又相视而笑。这些迹象表明，墓内决非有人，所以我命令马上拘捕诸胡人，掘墓启棺，果然发现了这批珍宝。上次我请求陛下延期破案，是怕万一走漏风声，会使盗贼逃之夭夭。像现在这样不惊动他们，果然一网打尽。"武则天听后大加赞赏，赐予苏无名金帛，并对他增加了二等俸禄，苏无名叩头拜谢而去。其他官员也搭帮幸免灾祸。

■ 摸钟断案：盗贼心虚现原形

　　北宋仁宗时，陈襄中了进士，调任浦城县主簿，负责文书事务，时间不长，当上了代理县令。这陈襄表面上看像个文弱书生，办案却很有一套，对古今案例尤为精通。一年来，他断了几十起疑案，在百姓中很有威望。

一天，有人击鼓喊冤。原来是本县小王村的杨成，在一旅店住宿时所带的银两被人偷走。陈襄就让捕役前去查办。捕役们来到小店，里外搜了个遍也没发现什么银两。叫来店主讯问，店主说："我敢担保，昨夜店中所住之客，未有一人出去。"于是捕役就将店主人和十四位旅客全都带到县衙审问。

陈襄见搜查毫无结果，又带回这么多人，便逐个审问，结果也无线索，无法确定谁是盗贼。于是心生一计，决定来个"摸钟断案"。经过深思后，便把差役找来，附耳授计，要他如此如此……然后传令升堂。

大堂上，被带来的十五个人站成一排，陈襄正色说道："不是我乱夸海口，本官断案如神，人所共知。既然今天盗银之徒不愿坦白，我也不搞严刑逼供，自有法宝帮我破案。城北大庙里有一口神钟，能识辨盗贼。好人抚摸这钟，怎样摸也不会出声音，偷东西的人手一碰钟就会嗡声大作。我多次用此钟断案，无不灵验。今天就劳各位同我一起去体验一番吧。"说完命人押着众人直奔大庙。

此刻，大庙里的差役已按陈襄的计策，把一切都准备妥当。庙内门窗全挂上黑色帐幕，不透一丝亮光。十五个人在一片森严的气氛中被带进了庙内。陈襄让他们站立端正，自己口中念念有词，在神钟前祈祷一番。然后大声宣布："请神钟识盗！"他让十五个人围着钟站成一圈，然后按口令依次摸钟。

摸钟开始了，此时庙内的气氛十分紧张，人们一个个提心吊胆地去摸钟。一个、二个……五个人摸完了，神钟没有响。又有五个人摸完了，神钟依然没响。摸过钟的十个人深深喘了口气，如释重负。剩下的五个人却格外紧张地依次去摸，可直到最后一人摸完，神钟依然无音。

众人正在疑惑之时，陈襄下令："面对神钟双手背后，庙门打开！"十五个人脸面一律朝里，双手却放在了背后。陈襄扫了一眼，哈哈大笑说:"盗银之人,神钟已告诉我了,我命令你赶快出来!"

陈襄说完,等了一会,却无人走出。陈襄用手一指中间穿长袍的胖子说:"明明是你偷了人家的银子,还不赶快招来。"这胖子吓得扑通一声跪在地上,嘴里却嘀咕着:"我不是小偷,我摸钟钟也没响!""你们都把手伸出来,让他看看!"陈襄下令。

刹那间十四双手凑在了一起。"唉!"十四个人几乎异口同声地喊了出来,胖子一看更是吓得头昏眼花,十四双漆黑的手和胖子那双白净的手反差是那么大。原来陈襄让差役在大钟上厚厚的抹了一层锅底灰。由于胖子做贼心虚未敢摸钟,心想不摸钟,钟不响,就可以逃脱了。却不料正中陈襄的计策。胖子无法掩盖罪责,只好低头认罪。陈襄命差役带胖子找到了赃银,将银子判还给杨成,胖子被依法治罪。

■ 做贼心虚:寻人先呼其妻名

宋仁宗年间的湖州,有两个商人,一个叫赵三,一个叫周生。一日,赵三约周生外出经商。赵三的妻子孙氏不许,因此赵三夫妻俩多日为此发生争吵。外出预定日期已到,孙氏不得已还是同意赵三赴约,黎明时催促其夫启程。赵三辞别妻子到了河边,登上早已准备好的船只。这时,周生还未到来。船主张潮见赵三的货包装得满满的,顿时起了歹心,就寻机将赵三推入河中,自己又装成熟睡状在河边等候。不一会儿,周生到了河边,进了船,唤醒了张潮,等了半天不见赵三人影,就让张潮到赵家去催促。

张潮到了赵家,叩门直呼赵三娘子,问赵大官人为何迟迟还未启程,周生已去船上等了半个时辰。孙氏闻声大惊,急忙回答说,赵三黎明时离家,怎么至今还没登船?

张潮回船后,故作镇静地将孙氏的话转告周生,周生命张潮、孙氏二人分头去寻找，可是一连找了三天，也无赵三的消息。周生怕此事连累自己，十分害怕，因此报告了县令。县令听了陈述，怀疑孙氏早有谋害其夫之心，命差役传孙氏到堂讯问。

县令见跪在堂下的孙氏，虽满面泪花，却是一个风姿绰约的妙龄少妇，而原告周生虽是个商人，但也是三十开外的俊俏后生。县令凭两人相貌，又听说两人早就相识，就主观臆断地认为谋害赵三的凶手是其妻孙氏和周生。孙氏和周生吓得面无人色，连声喊冤，都为自己辩白。县令扔下竹签，喝令各打二十大板，关进死牢。

退堂之后，县令手下有一助手觉得谋害赵三的凶手可能是船主张潮，而不是孙氏和周生，他认为这样考虑有如下几点理由：第一，赵三的尸体至今查无下落，多半是被人投入河中灭迹，因为寻找尸体该找的地方都已找遍，只有河中无法寻清；第二，据赵三家四邻反映，赵三和孙氏夫妻为人正派，即使周生想勾搭，孙氏也决不会依从；第三，周生纵有奸情，也不会选择在临行前动手，更不可自动报案；第四，船主张潮生得肥头大耳，十分粗俗，据反映他以撑船为生，凶残成性。他不仅有作案时间，而且去赵家叩门就直叫赵三娘子，这分明是他已经知道赵三不在家中。因此破案的线索可以从张潮这人下手。县令听后连连点头表示赞同。随后，就升堂提审张潮。张潮本想狡赖，但当县令问及为何敲门只直喊赵三娘子开门而不呼赵三官人时，张潮顿时语塞，无言对答。在县令的严厉审讯下，张潮不得不供认了谋财害命的犯罪事实。一件冤案得以澄清，真正罪犯被绳之以法。

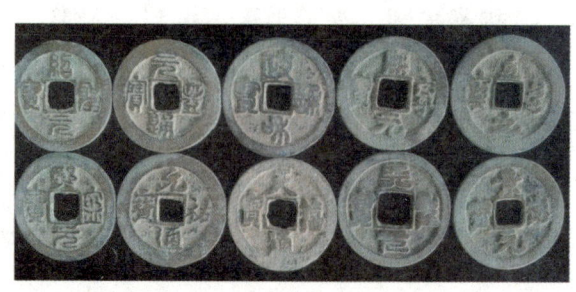

▲ 古代钱币

■ 法网恢恢：盗犯十年仍落网

　　山东某县有曹子安、曹子发兄弟两人，父母死后，二人共同经营盈余了二千金，决定一起将钱埋在床下的地坑。当时两人均未娶亲。不久，兄弟两人成婚育子，逐渐发生口角，便决定分家自立门户。当取金分割时，发现钱早已被盗走。这时，哥哥怀疑是弟弟偷了钱，弟弟又怀疑哥哥偷了钱，两人争执不下，闹到县里打起了官司。

　　县官接案后，先后提审两兄弟备讯五次，到现场实地勘查了二次，都没找到线索，只好劝兄弟俩以手足之情为重，重归于好而息事宁人，不要再互相指控。但子安、子发都不服，又上告到州府。知府张船山接到状子后，仔细地研究了双方的指控，觉得双方的态度都较真挚，而且控词叙述得合情合理。于是，他翻阅了古书，见一书上记载"钱名白水，财名青蚨，能无翼而飞，不胫自走"等语，但他认为这都是寓言，事实未必如此？张知府推测并且怀疑，莫非是曹子安，曹子发兄弟将此事各自告诉了自己的妻子，由她们中间的一方私自取出，而故意控告对方，以推卸责任。经传讯两兄弟妻子及他们的家属，却又找不到半点破绽，案子暂时又搁置了下来。

　　回府后，张知府考虑到，虽然兄弟二人藏金十分周密，又没有外传他人，但由于曹家与周家合住一个大院，人来人往，还是不能排除失盗的可能。便决定秘密派人四下观察，看周围邻居对此事有什么反应。

　　第二天，差役回来报告说，有人反映一个叫邵生朗的情况有些反常。邵生朗是周围闻名的浪荡公子，一贯好吃懒做，不务正业，因此家里经常是穷得揭不开锅。但是这几年来，他突然像发了一些横财，穿戴得讲究起来，房屋也粉刷一新，平时依然吃喝嫖赌，挥霍无度。这次听说衙门在追查曹家的失金案，他有点紧张，经常是躲着人进进出出。

张知府传讯了邵生朗。邵生朗做贼心虚，在公堂上吓得说不出话来，结果不得不如实招认真实案情。原来，十年前的一天晚上，曹子安、曹子发兄弟俩决定藏金的话被他在窗下偷听到。不久他就起了歹心，从墙外挖地道直通曹家的房下，秘密地窃走二千金。十年来曹子安兄弟俩从未发觉。邵生朗也以为危险期早已过去，心中坦然，只是前些日子兄弟俩为此打了官司，才开始又有点紧张。真相大白以后，依照法律，张知府判邵生朗盗窃罪杖五十，判处徒刑一年，所有的家产均折价出售，赔偿给子安、子发兄弟。张知府还劝子安、子发兄弟俩重归和好，共享天伦之乐。兄弟俩答应谢恩，拜辞而去。

暗中查疑：刁仆妇勾结行窃

清朝末年，京城里有一个在宫里做事的大户人家，家财无数，佣人如云，其中尤以家在京郊昌平乡下的一个仆妇最得主人欢心。她能说会道，善于察言观色，办事也很利落，所以主妇有什么事都交给她去做，就连金银财物所藏放的地方也不瞒着她。

一天半夜，有六个以灰抹脸，手持大刀的强盗潜入这户人家。家奴们见状都四下躲藏保命，这仆妇与强盗撞个正着。一个强盗抓过这仆妇，把刀架在她的脖子上逼问她："你家主人在哪里？"她回答："正在宫中值班。"强盗就挥手指挥其他人："快把女主人绑来！"这仆妇一听要绑女主人，连忙跪下向强盗哭求着："好汉大老爷开恩吧，女主人平时待我如同亲人，求求你们不要吓坏她，要死的话，我情愿代替。"这个强盗头笑笑说："看不出你一个妇道人家还有这等肝胆，既然如此，我也就免你一死，但是你得把藏金银财宝的地方说出来，我们才能不伤害她。"这仆妇一时拿不准该不该实说，强盗举刀要砍，她吓得瘫在地上，吞吞吐吐地说出藏宝的地方，强盗们果然搜到很多金银布匹，然而还感到不满足，又威胁逼迫她全部讲出来。乱了方寸的仆妇对强盗说："金银布匹之类的东西真的都没了，还有一些珠宝首饰藏着。"强盗又照她说的洗劫一空。望着这么多意想不到的财宝，强盗们高兴万分。临走，他们笑着对仆妇说："你所说的未必都是事实，念你还算对主子忠诚，暂且留你一命。"强盗走后，女主人对她感激涕零，而她却面色如土，说不出别的话，只是不住地自言自语："可吓死我啦，可吓死我啦！"

等到天亮，主人回到家里，了解了遭劫详情，也对仆妇表示安慰感谢。然而他内心却有些想不通：这仆妇当时虽被强盗劫持，有什么必要把所有藏宝之处无一遗漏地说出来呢？在当时那种生死未卜情况下，又怎能保持如此清醒的头脑呢？再说，当时家里仆妇很多，为什么单单抓住她盘问再三，而不抓别人？强盗又怎能确定仆妇知道藏宝处，而不必去找女主人呢？层层疑云在男主人心里积聚。事情发生后的第三天，仆妇以病重为由请求回家休养。主人重赏了她，还派车送她回家，同时暗中差一个精干仆人秘密跟踪。

临行前，这个仆妇被人搀扶着躺进车里，一副病入膏肓的样子，连与主人打个招呼的力气也没有。可是，车子一出京城门，她一改病态，翻身下车要送她的车回去，自己却另雇了一辆车，带着主家馈赠的财物回家。车一进村，就见有几个人笑着迎了出来，仆妇也笑着同他们一同进屋。见此情景，跟踪的仆人急奔回家告以实情，主人当即报官。官府不敢怠慢，连夜发出快兵差役随仆人前往仆妇村庄，这时仆妇正跟其他几个强盗围坐在财宝四周分赃呢。这些财宝正是主人家的金银布帛和珠宝首饰。人赃俱在，众差役当即将这伙贼人押送官府。经审问，原来这是个强盗团伙，他们内外勾结，使用苦肉计，抢劫了主人家。

第三节　贪财奇案

■ 恶女爱才：何太守问剑断遗弃

西汉时期，沛郡（今江苏省肖县西北）商贸发达。有一位姓韩的富翁积攒了二十多万贯家产，生活富足，可惜富翁老伴早丧，只留下一个女儿和一个不满周岁的儿子。富翁害怕续弦后一双儿女受欺，就没有再娶。

谁知好景不长，两年后富翁也病入膏肓。眼看时日不多，富翁便叫来女儿和儿子，招呼族人立下遗书：全部财产交给女儿，只给儿子留下一把祖传的宝剑，先由姐姐保管，待儿子长到十五岁时再给他。几日后，富翁便撒手西去。族人帮富翁的女儿料理完后事，吩咐她小心看守家业，抚养好弟弟，富翁的女儿千恩万谢，点头答应。

转眼十二年过去，富翁的女儿早已招赘组成了家庭。一天，弟弟拿出遗书向姐姐、姐夫索要宝剑。谁知二人不仅不还宝剑，反倒让弟弟归还十二年的抚养费。

弟弟无奈，便向郡里递了诉状。当时的太守是大司空何武。何武为官清正，善断难案，看罢诉状，十分气愤，对手下的官吏们说："这个女人卑鄙贪婪，女婿也是个见钱眼开的小人，实在是可恶透顶。看来，当时富翁早知道女儿性情狠毒，如果将家产留给儿子，儿子不仅得不

▲ 古代宝剑

到,还会害了他。便暂时把遗产交给了女儿,好让她断绝加害弟弟的打算。留下这把剑,到儿子十五岁时再给他,是考虑到这时儿子已成人,会向姐姐要剑,姐姐肯定不还,自然会告到官府。如果官吏清正廉明,也许能明白他的用心良苦,家产终究还是儿子的。他的女儿是个庸俗的小人,根本琢磨不出其中的奥秘,其父这样做不但使家产得到保护,还避免了幼儿惨遭毒手。好一位足智多谋的富商!"

　　分析完案情,何太守命属下将富翁的女儿、女婿带到,并叫他们把剑呈上来。为使其心服口服,何太守命人焚上一炷香,把剑挂到大堂上,望空拜了两拜,然后对剑端坐,口中说道:"精明的韩老哥啊!你当年留下这把剑,一定大有玄机,现在请把你的心意告诉我,我当为你做主。"说完侧耳细听,并不断点头。过了一会儿,何太守回到自己的座位上,厉声对富翁的女儿、女婿说:"刚才,老仙翁已把当年的想法告诉了我。他说,当年儿子幼小,不懂事理,其姐又心地不善,怕出祸端,就把财产暂交女儿掌管,为的是既保护财产,又保住幼儿性命。之所以留给儿子一把剑,是让他长大以后借索要宝剑而争得财产。他说,剑者,锋利之物也,要剑,即要取其应有之利也。并让我为他主持正义,负责把财产判给他儿子,你们听明白没有?"富翁的女儿、女婿面面相觑,还想争辩。何太守把惊堂木一拍,大声喝道:"好一对无耻的东西!这些年来,你们坐享其成,上不思老父恩德,下不讲手足之情,还有何面目争夺财产?如再不服,当以法绳之!"二人唯唯诺诺,只好退下堂去。

■ 贪图钱财：借债无凭隐真情

孙公担任合肥县令时，审理了邻县庐江的一宗蓄意侵吞财产纠纷案。庐江某甲原家境富裕，后因故衰败，沦为佃户。其姐已经出嫁，是本县某富豪家的少夫人。姐夫倚仗着父亲的家产，行为放荡，不务正业。不久，老翁病故，在临终前，将家产数千金托付给儿媳，让她来维持门庭，而不许儿子插手照管。某甲了解到这些情况后，起了歹心，就以借本经商为名蓄意侵吞。

一天，某甲对其姐说："我现在以租佃别人的田地为生，辛勤劳动，生活十分困苦。看来当佃户不是长久之计，要翻身还得去做生意。好在我自幼学过经商，现在只是缺少本钱，请看在姐弟的分上，助我一臂之力。"姐姐看见弟弟苦苦哀求，就拿出数百金借给他去经营一个米店。米店开张后生意兴隆，次年就有了盈利。可是，某甲并没有满意，又到姐姐家伸手借钱。声称市场上有一批货物，价格还在上涨，如能全部买下定能获利。某甲苦苦哀求说："上次姐姐的资助使我开设了米店，而且已有盈余。这次本应将借款还清，只因今日亟须购货，尽所有本利尚还不足，故还请姐姐另借钱千金，待日后一并归还。"姐姐见兄弟苦心经营，就如愿出借。可是，过了不久，弟弟又来借钱，诉说道："今有某物奇货可居，自己本钱有限，请姐姐再借千金，买下这批货物后，将来定能垄断市场，以谋取厚利。数次债务，日后奉还，请放心。"其姐再次信以为真，又如愿支付。由于是弟姐之间借贷，也就没有留下任何凭据。这样，弟弟一而再、再而三地从姐姐处借了本钱数千金。其弟苦心经营，数年后发迹致富，还用钱买了个官，成了本县一位缙绅。

数年后的一天，其姐与姐夫商议道："俗话说男大当婚，女大当嫁。孩子已都成人，而儿女婚嫁，用费甚大。前几年弟弟借去了数千金，现在他家境富裕，若将钱归还我们，也可应付家中一时的急需。"便决定由姐夫出面去与兄弟商量。姐夫到某甲家说明了来意，不料竟遭白眼，某甲说什么近年来买卖做大了，自己已力不从心，哪有心思来管别的事。姐姐以为某甲对姐夫存有戒心，故意奚落。于是便亲自上门要求弟弟偿还债务，其弟依然翻脸不认人，还发怒说晚辈操办婚嫁大事，我做舅舅的理应资助，但你怎能信口诬我借了你们的钱呢？姐姐听后，大吃一惊，和他评理。弟弟则不予理睬，拂袖而去。无奈，姐姐只好告到了县里。

立案后，县令派人请某甲到堂诉说。某甲衣冠楚楚地到了公堂，狡辩说："我们姐弟之间，早已各立门户，各自为业。对于外甥小辈，我曾慷慨资助过他们。如今，他们想操办婚事，用金之巨，我已力不从心，只得推辞。"这时姐姐控告说："请大人秉公执法。"县令问原告有无债券或人证，姐姐回答说："姐弟间相借怎留凭证？"县令推说她既无人证，又无物证，此案无法判决，就让他们各自回家去了。

姐姐回家后痛哭不止，对丈夫和邻居说："兄弟丧失了天理，而这里的县令又昏庸无能，不能为百姓排难申冤。听说合肥县令孙公爱护百姓，办案神明，我要前去申诉。"好心人在一旁劝说道："现在法律规定各地的案件由各县自理，孙公若不受理此案，又如何是好？"姐姐说："那我就苦苦地哀求。"

她到了合肥，拿了状子告到县里，孙公问道："这是庐江县的事，为何来这里控告？"她立即回答说："庐江县令昏庸无能，不能为百姓排难申冤。听说大人办案神明，故来申诉。"孙公说："按法律规定，各县自理。如有冤屈，应向上反映，我怎敢违反法规，越俎代庖。"任由孙公怎样解释，姐姐就是跪着不起。孙公见其情真意切，心想必有冤屈,便答应受理此案。

可是按照地域管辖的规定,孙公作为合肥县令是无权受理这件纠纷案件的。而孙公为了能越过庐江县而审理此案,为受屈之人伸张正义。便设计从狱中提取了两名轻微犯罪人员,事先认真地向二位交代说,现让你们出狱去完成一项特殊任务,若干得好,可以将功赎罪,如趁机逃跑,抓回将罪加一等,严惩不贷。二犯欣然同意。孙公让其中一犯穿一身华丽的衣服,装扮成商人到某甲的店中,假装原先相识、久别重逢的样子一起商谈生意。某甲误认此犯是个贩运商,认为有利可图,便加以款待。二人正在交谈中,只见另一个犯人蓬头垢面狂奔而来,直闯席间,尾随的是合肥县的差役,高喊抓捕逃犯,直往店内将他逮住。差役见席上坐的那个商人,也是正在缉拿的逃犯,就故意佯作惊讶,将商人也一并捕来归案。差役回衙复命,孙公升堂讯问,犯人佯供店主某甲实为同伙,越狱脱逃后隐藏在他家。孙公以捉拿盗贼为名,写了公文到庐江县,捕某甲来合肥县与二盗窃犯对质。

在合肥公堂上,某甲极力强辩,矢口否认。而"逃犯"却故意劝说道:"十年前,你是佃户,穷困潦倒。假如你我不是同流合污,偷盗扒窃,荣华富贵从何而来?如今我们都已供认,你也不必抵赖。免得皮肉受苦了。"某甲听后大声呼冤,说道:"我之所以翻身发迹,尽是我姐资助的功劳,与你们毫不相干。大人决不能听信他们胡言乱语。"孙县令问道:"你姐姐是何人?她资助你多少金钱?"某甲不假思索地说:"我姐是同县人,她资助我数百金。""你以数百金为本经商,十年所得就能发财致富?"孙公问道。某甲又急忙解释:"我后来又借过数次,共数千金作本金,才致富为本县的一个缙绅。"孙公令差役立即将其姐传来对质。某甲见自己说漏了嘴,知道中了计,感到十分后悔。孙县令笑着说:"我早就知道你与盗窃犯不是同伙,但如果不用此计,你是不会在这里吐露真情的,现在事实俱在,我已记录在案,你已无法再狡辩了。除了你自己的一身衣服外,所有家财应归你姐所有。你十年苦心经营,则可由她酌情予以补助。如敢不服从本县裁决,我将当禀上司,将你革职查办。"某甲理屈词穷,只好服从了孙县令的判决。

■ 智追赃银:贪心起调包行窃

清朝末年,某县出了一件调包窃银的案件,知县机智巧断,被人称颂。

一天上午,县衙门来了一人击鼓告状,知县立即传令升堂。告状者被传进去,满面忧伤地说:"小人是外地人,昨日来到县城,到这里做小生意,住在一个客店里。我来时随身带了四锭银子共二十两,我怕晚上丢失,想交给店主代为保存,但又恐他起疑心,便将银子包在里边。交给店主时,对店主说只是几件衣物,为便于携带存放,特在里面包了块砖头,没告诉他实情。今天早晨起来后,我去柜上领包裹,打开一看,才知衣服里面真的添了块砖头,而原先包的银子却没有了。我找店主人索要银子,他却什么也不承认,不肯还银子,反倒诬我赖他。我做小本生意,所带银两皆无,只好来衙门,求大人明断。"

知县听完诉状后,立即命差役速传店主前来。店主来到后,一口咬定是客人讹诈,并说:"昨日他存衣服包时,自己说包里是砖头。我收下衣服后,压根就没动过包,不知道什么银子的事。必是他生

▲ 清代衙门审案

意亏本，或是嫖娼赌博输了钱，来讹诈小的，望大人明察。"客商不胜凄楚地说："苍天在上，小人一生安分守己，这点银子是我用血汗换来的啊。我一家老小的性命就指着它啊……"

知县听了双方的辩白，不动声色地观察两人的神色：原告涕泪纵横，神色举止显得诚实善良；被告俐牙辩解，显得有些狡黠诡谲。知县听完二人的对质，没有想出个反正来，不禁暗自思忖：旅客住店一般不敢无端向店主讹诈，除非是无赖之徒，细看原告又不是这样的人。看样子店主有些可疑，但原告存放时没说明，现在一无物证，二无人证……知县陷入了沉思。

过了一会，知县想出了一条妙计。他唤过店主来，拿出毛笔在店主的手心写了一个"银"字，然后命他到院子里，站在日光下曝晒。知县嘱咐他道："注意看好，如果你手心上的这个'银'字没有了，就罚你还他银两。"店主不知道知县要耍什么把戏，遂即走到当院，一动不动地站在那里，全神贯注地注视着手上的字，唯恐那个字从手里插翅飞了。

接着，知县唤过两名衙役，秘密前往店中，将店主之妻传来，问道："昨晚上你们收那客商的银子放在什么地方？快快交出来。"店主妻子假装糊涂地说："什么银子，我不知道，大人传我来究竟为何事？"知县大怒，喝道："休得诡辩装蒜，本县试试你诚实罢了，如此看来你也是诡诈女人。你丈夫已招认了，你还不说实话？"店主妻子冷冷一笑，无动于衷，显出一副不屑一顾的样子。

知县命店主妻子与丈夫对质。店主妻子跟随知县来到窗口，知县隔着窗户向站在当院的店主大声喝问道："老板，你收（手）上的银子（字）还在不在？"店主正在目不转睛地看着"银"字，听见知县喝问，急忙大声回答："我手上的'银'字还在啊，谁说不在？"知县转身对店主之妻说:"怎么样?听清楚了吗?你丈夫是真的承认收了银子了吧,你再不承认,本县就不客气了,小心皮肉受苦。"

知县这一招还真管用,真把店主之妻给诈住了。因"手上的'银'字和收上的银子"两句话谐音,知县有意诱问,店主稀里糊涂回答,店主之妻不知是计,真的以为丈夫已经招认了,她怕用刑皮肉受苦,不敢再隐瞒,遂即供认:"银子藏在屋里的衣柜顶上。"知县立即派差役前往店家,从衣柜上起出赃银,正是客商的二十两银锭,分文不差。知县吩咐将银子还给客商,客商口称青天大老爷,千恩万谢而去。知县又命差役将店主打了四十大板,喝令今后要诚实待人,正当经营,如若再犯,严惩不贷。店主夫妻唯唯诺诺,叩谢而去。

拓展阅读

竹篮"打财"一场空

一天,在江南某地的一个酒店里发生了一场纠纷。店主在桌子的横档上拾得某顾客遗失的一只钱袋,这钱袋不大,横有三寸,长有六寸。打开钱袋一看,见有银洋二枚,铜钱四十文。不多时,一顾客返回酒店寻找失物。店主好言安慰并将原物退还。不料那顾客声称原钱袋中实有银洋四十枚、铜钱二百文,如今所剩无几,定是店主侵占。并抓住店主不放,要和他评理。店主有口难辩,直呼冤枉。这时,另一顾客过来问道:"你那钱袋确是在这儿丢失的吗?"该顾客回答:"我这钱袋刚才就是这样稳稳当当地放在这酒桌的横档上的,酒后忘了拿走。"边说边比画,将钱袋放回原处,只见它两边下垂,呈骑马状。"既然如此,我来当判官。此案不难辨别真伪。不过,我是让事实出来说话,然后让大家来作公论。"

这个"判官"站出来后,首先责问店主不该侵吞顾客钱财,店主只是叫冤。"判官"说:"先不追究你的罪责,钱数先由我如数填入。"

说着从自己衣袋里,拿出银洋三十八枚。铜钱一百六十文,加进丢失的钱袋里交还客人,那客人高兴地接过钱袋要走。"判官"急忙拦住说:"且慢,请你把钱袋放原处,让大家看看是什么样子。"顾客不知其意,依照"判官"的吩咐办了,只见那钱袋被银洋、铜钱撑得满满的,快要漏出来。这时"判官"对那顾客说:"刚才你说钱袋放在这里是两边下垂,呈骑马状,而现在却是胀得鼓鼓的,如不用手抱起来,稍微动一下,钱就会外漏。而且在酒桌的横档上根本不会再下垂,依我判断,这钱袋不是你所丢失的,应该还给店主,等候真正的失主来领取吧!你自己的东西,究竟丢失在哪里,还是仔细回忆一下,再去别处找找吧!如果找不着,拿走你原来的也行,可别在这里诬陷好人了。"众顾客齐声称赞,拍手叫好。那顾客无言对答,本想从店主那里多领取金钱,但因贪心过重,反而得到的是竹篮打水一场空,在众目之下,不好再要钱袋,只好怏怏远去。

　　事后得知,该"判官"是刚接令在当地任职而尚未正式上任的一位地方官。当天,他因尚未正式上任,便去街面上看看市容、民风民俗等,恰巧遇上此事,便以旁观者的身份处理了此事。

第三章
贪婪美色——奸淫害命

古人云："食色，性也。"人人喜爱美色，而在中国封建社会，很早以前就确立了和奸罪与居丧奸罪这样的罪名，而如同"强奸""轮奸"这样的奸淫罪最早出现于唐代时期。关于"犯罪行为"的轻重，主要根据地位尊卑、亲疏不一等划分。

第一节　万恶淫为首

■ 夫妻吵架：无赖施计占人妻

后晋时期，浙江杭州城郊有一个穷秀才，叫吴盛。他家祖辈从事百货贩卖，虽不是很富裕，也算得上远近闻名的大户。父亲在五十岁得了他，老夫妻二人自是十分喜爱，视为掌上明珠，从小就为其定了亲事，并让他在私塾读书。吴盛生来聪颖，深得先生赏识。

吴盛十五岁时，父亲染病去世，第二年，母亲也离开了人世。他靠父亲留下的家产继续读书。可是，一连参加了几次考试，都没有考中，无奈只得作罢。

等到十八岁时，他央求媒人把父亲在世时定下的邢家大小姐娶过来。邢大小姐生得十分漂亮，吴盛的父亲在世时，她见吴家有钱，才答应这门亲事的。现在吴家家道败落，邢家大小姐就有些不乐意。但她父亲邢志是个言而有信的人，不愿听到别人说他嫌贫爱富。于是，给女儿许多陪嫁，打发女儿嫁了过来。

结婚不久，小两口就经常吵架，原因是邢大小姐嫌吴盛无能。既然屡试不中，也该做些生意养家糊口，这样长期坐吃山空，靠什么来生活？

于是，吴盛又重操父亲的旧业，干起了百货贩卖生意。谁知吴盛天生不是做生意的料，不但没赚到钱，连妻子的陪嫁也赔了个精光。妻子整日破口大骂，吴盛只好忍气吞声。

一天，邢大小姐又因一件小事，对吴盛破口大骂，吴盛实在忍受不住，一气之下离家出走。

两日后，吴盛回到家中，却见妻子被人杀死在家中，尸体尚在，只是不见了头颅。吴盛十分害怕，立即报告了岳父大人。邢志知道女儿嫁给他后，夫妻二人就经常吵架，认为是女婿杀死了女儿，就扭住吴盛去见官。

开始时吴盛一口咬定没杀妻子，后来经不住狱吏对他的严刑拷打，承认是他杀了妻子。官府立即写好呈文上报郡守。

郡守又把案子批交从事耿前审查。耿前是个贫困人家出身的小官吏，他对案子进行了认真的推敲，认为有许多疑点。作为丈夫，无论如何也不忍心杀死自己的妻子。即使真是吴盛杀死了妻子，也应该开脱罪责，说妻子病死，不致把头割下来丢掉，再告诉岳父。耿前想到这里，立即命令差役们将犯人带到，质问吴盛："你为何杀死妻子？你妻子的头颅在哪里？"吴盛却支支吾吾，不知所以。

耿前心中一下明白了。他吩咐差役们把吴盛关押起来后，又暗中命令差役寻找邢大小姐的头颅，并告诉差役们如何如何行事。

差役们把附近操办丧事的人全部召集起来，让他们回忆最近有什么人家办过丧事，是否见到什么可疑的地方。其中一个人提供了一条重要线索，他说："小人前几天给一家富户办丧事，说是死了一个老妈子，棺材要从墙头上抬出来，可我觉得棺材不重，当时就有些疑问，没敢贸然说出来。"

差役们立即让他带路，前往坟地，打开棺材一看，果然里面只埋了一个女人的头颅，马上拿回给吴盛辨认，可是，吴盛却说不是他的

▲ 古代仕女形象

妻子。

差役们立即回去报告耿前，耿前命令把那家大户主人传来。那人见无法隐瞒，只好供认了杀死女仆后，割下头颅冒充吴盛妻子以掩盖邢大小姐的事实。

原来，那个富户早就对邢大小姐垂涎三尺，知道邢大小姐经常嫌丈夫无能，就时常到吴盛家附近找机会勾引她。但邢大小姐是个正经人家的女儿，从不上钩。正好前几天那个富户又来勾引她时，看见夫妻二人吵架。后来，见吴盛离家出走，就把邢大小姐骗到他家，软禁起来。然后，杀了一个和邢大小姐个头年龄相差不多的侍女，割下头颅，将尸身冒充吴盛的妻子，背回吴盛家。由于年龄、个头差不多，吴盛根本没有怀疑。

案子了结后，富户被处死。邢大小姐回到家中闷闷不乐，几天后，趁吴盛不注意时自缢身死。

■ 有伤风化：男扮女诱奸民妇

明朝时期，山西太原府发生了一起男扮女装诱奸民妇的案子。太原府李家湾有一户李姓人家，儿子生下来就卖给榆次县一个叫桑茂的人做养子，桑茂给这个孩子取名桑冲。桑冲从少年时代起就是一个不思进取、不学无术的人。长大成人，更是游手好闲、好逸恶劳，整天东游西逛。成化元年（公元1465年）的一天，他从别人嘴里得知大同府山阴县有个叫谷才的人，以到处教授别人家女子手工活为幌子，暗中与这些妇女同宿行奸，历经十八年却从未被人发现。于是桑冲的脑子里也酝酿出了同样的坏念头，他也要效仿谷才的样子去干这类伤风败俗的事。

不久，桑冲离家投奔到谷才家拜师"学艺"。谷才先教他男扮女装的技巧，如修眉、描眼，绾发戴髻之类，然后再教他学会女红，如描、剪、绣、烹饪之类。桑冲很快就掌握了这些"技术"，不久便告辞回家。也许是臭味相投的缘故，桑冲回家不久，远远近近那些泼皮无赖闻讯找上门来。本县北家山任茂、张虎，谷城县张端大，马站村王大喜，文水县任昉、孙成、孙原等，向他学习诱奸妇女的手段。桑冲就把自己所学的方法都传授给这些人，还叮嘱他们小心行事，如有意外，不能把他牵扯进去。

三年后的春天，桑冲终于开始了他蓄谋已久的恶行，并且一直持续了十年。十年间，他先后到过山西、河北、山东等地共四十五个府、州、县及七十八处村、镇、店诱奸妇女。每到一处，他就仔细打听谁家有年轻貌美的女子，然后设法把自己装扮成弃家出逃、无以为生的讨饭妇人。先到邻近的贫困小户人家帮做几天家务手工，借机显示自己的手艺。然后让小户人家介绍引荐到美貌女子家教授妇女做手工活，到了晚上要求与女子一起歇息，然后实施诱奸。他常以开玩笑为借口，与美貌女子打闹嬉戏，连哄带逗地挑起女子欢心，趁女子不防将其奸污。如果是不愿与之胡闹的女子，他就等到夜深人静时，把随身所带的迷药喷在女子口中，使那女子手脚不能动弹，口不能说话，再行奸淫。偶尔遇到性情刚烈，怒骂不止的女子，桑冲就再三地赔情讨饶，晓以利害，女子每每都是满怀耻辱而隐忍下来不去告发。桑冲为不被识破，一个地方住上三五天就转到别处欺骗行奸。十年里，他一共奸污良家女子一百八十二人。

▲ 明朝美妇人形象

成化十三年七月十三日傍晚，桑冲来到晋州地界聂村秀才高宣家里。谎称是赵州县一个叫张林的小妾，因不堪丈夫打骂而从家里逃出来，正好路过高家，便前来投宿。主人出于同情，就把他安置在南房内过夜。这个高秀才虽是善举之人，其婿赵文举却是一个好色之徒。不到半夜，赵文举偷偷潜入南房要强奸桑冲。桑冲恐怕暴露真相，与赵撕打起来。撕打中，桑冲被赵文举推倒按在炕上，赵文举迫不及待地伸手去摸桑冲的胸口，发现没有乳房。顺势往下再摸，发现桑冲有阴囊阴茎，这就戳穿了桑冲男扮女装的把戏。赵文举把他捉起来押送到晋州衙门，经衙门审讯，桑冲供认了前面所干的一切恶行。

桑冲故意男扮女装，欺骗行奸，所犯罪行与十恶不赦的大罪完全一样，但这种犯罪法律条文上没有明确规定。所以晋州衙门把桑冲和被奸污的良家女子姓名开列名单，连人一起交由法司收捕审问，成化十三年十一月二十日由都察院上奏皇上。

两天后，皇帝传旨，由于桑冲等人所犯之罪情节恶劣，有伤风化，均判凌迟处死。

■ 一双合色鞋，四人上西天

明朝弘治年间，杭州城有一富家子弟，名叫张荩，长相英俊，潇洒风流。因父母早丧，无人管教，整天吃喝嫖赌。其妻屡劝不听，只得由他去了。

一天，张荩约了几个朋友同去西湖游玩。路过十官子巷时，抬头发现有个女孩子正揭开窗帘向下泼梳妆残水。这女孩长得艳丽动人，张荩浑身都酥麻了，便故意咳嗽一声。那女孩循声望去，见一美貌少年站在楼下，四目相对，一见钟情。

张荩回家后，一心牵挂着那楼窗口的女孩。第二天，来到那女孩子的楼下，又故意咳嗽了一声，楼上没任何动静。回去又不甘心，就在附近打听。有人告诉他："这家姓潘，主人名叫潘用，夫妻俩只有一个女儿叫寿儿。那老头子倚仗亲戚的权势，常敲诈哄骗人家的东西，是个赖皮刁钻的主儿。"

张荩听了，暗暗记在心里，慢慢朝那楼下踱去。恰好那女孩正揭帘往外眺望，一见张荩，又以目传情。

从此以后，张荩便以咳嗽为暗号，常来相见。八月十五那天，皓月当空，楼下传来轻轻的咳嗽声。女孩子会意地卷起帘子，张荩向她抛去一条打着同心结的红绫汗巾；女孩子掷向张荩一只小巧玲珑的合色鞋。这时，忽听得女孩的母亲在叫她，俩人只得分开。

回到家里，张荩拿出这只鞋子思来想去，忽然想起专门为别人说媒拉纤，做皮条生意的陆婆。张荩把陆婆请到一家酒馆里，把与寿儿相好，却又难以相会之事细说一遍，求陆婆从中帮忙。酒足饭饱后，张荩摸出两锭元宝放在桌上，并说等事情成功后，还有十两银子的谢礼。

陆婆说："银子事小，只是这潘老头十分厉害，他家又无杂人，况且门户又极严，这事情倒有些难办呢！"张荩忙说："想是妈妈嫌礼太少，才故意推托的，我再加十两银子、两匹缎子怎么样？"

陆婆见有这么多雪白的银子，心里实在舍不得，就答应试试看。临走时，张荩把鞋子交给陆婆，好拿去做个话头。

那潘寿儿自从见了张荩，整日神思恍惚，茶饭少吃，心中惦念着这位如意郎君，每晚睡觉都把张荩的汗巾抱在怀里。

这天，潘用出门去了，寿儿在楼上看着那条汗巾发呆，忽听楼下有人说话，忙藏好汗巾。只见卖花粉的陆婆由潘婆陪着上楼来，陆婆拿出些上等的花粉让潘婆和寿儿看，又把潘婆和寿儿奉承夸奖了一番。潘婆美滋滋的下楼倒茶去了。陆婆趁机拿出那只鞋子给寿儿看，并说

▲ 古代闺房

明来意,将张荩夸奖一番。寿儿又拿出另一只合色鞋交给陆婆,正好成双。陆婆便把这双合色鞋拿去作为信物。

陆婆离开潘家,径直去找张荩。正巧张荩出门去了,陆婆只得回家。谁知不小心将红绸包掉在地上,恰巧被儿子陆五汉看见,以为是包银子,抢先拾起,打开看时却是双半新半旧的合色女鞋。陆婆想要回那双鞋,陆五汉从陆婆焦急的神情中已看出这是件要紧的东西,就说:"你把真情告诉我,我才给你。"陆婆只好把这事一五一十地告诉了陆五汉。

陆五汉听后装出害怕的样子说:"我的妈呀,那潘大爷是出了名的恶霸,日后万一事情败露,不但你难活命,还会连累我呢!你告诉张荩,就说她家门户严紧,暂时无法相会,以后有机会再去通知他。"

陆婆见鞋子被儿子拿去,又不敢要,原来这陆五汉以杀猪卖酒为生,常酗酒撒泼,陆婆怕他三分。手中无凭证,也不敢去见张荩。

到了晚上,陆五汉精心打扮一番,拿了那双合色鞋来到潘家楼下。轻轻咳嗽了一声,上面窗户悄悄打开。不一会,一长匹布从窗口垂下来,陆五汉忙抓住布攀上去。进了房间,一把抱住寿儿。激情过后,陆五汉拿出那双合色鞋给寿儿看,两人互诉衷肠,直到四更时分才离去。

从此以后,只要天不下雨,又没有月亮,陆五汉都到寿儿家去。这样来往了半年多,潘寿儿的爹妈像有所察觉,就和女儿互换了房间。

谁知这晚陆五汉又来到潘家,轻轻咳嗽了一声,没有动静。陆五汉等得不耐烦了,急急地回家扛了一张梯子来,二话没说就从窗口爬到房间里。陆五汉正要上床,却听见床上有两个人躺着,正轻声地打着鼾。陆五汉勃然大怒,取出身上带的尖刀,将正熟睡的潘用夫妇杀死,扛着梯子回家了。

第二天早晨,寿儿一直不见父母下楼,在门外叫了半天,无人答应。开门一看,爹妈躺在血泊中早已死去多时了。邻居们听见哭声蜂拥而来,领寿儿前去报官。经审问,寿儿说出了与奸夫张荩来往,并把张荩找陆婆牵线之事细细说了一遍。太守命立即捉拿张荩与陆婆。张荩不肯招供,便问寿儿道:"你既和我相处了半年之久,那么对我的形体声音总是很熟悉的了,你倒仔细看看我。"

寿儿迟疑地说:"听声音倒觉不一样,身材似乎也比你高大些。因一直在黑暗中相处,也看不太仔细,只记得你左腰间有一个铜钱般疮疤。"

太守命狱卒们查看张荩的腰间,发现并无疮疤。太守又喝问陆婆:"你把那双合色鞋送给谁人去顶替,从实招来。"陆婆哪里还敢抵赖,便把事情经过细细叙说一遍。

太守又命人将陆五汉抓来,陆五汉还想抵赖,寿儿一旁喊道:"就是他,我听出来了。老爷,你只要看他左腰间有无疮疤,就知真假了!"

太守命手下查看,凶手果然是陆五汉,喝令手下责打六十大板,判处死刑。寿儿因奸情害了父母性命,也判为死刑。张荩、陆婆分别入狱监禁。

■ 私相约会:冒名顶替害贞女

江西石城县的鲁廉宪和县衙内的顾金事是世交。鲁廉宪有一子叫学曾,顾金事有一女名阿秀,两家相约订了婚。后来,鲁廉宪任期未满,不幸病故,从此家道衰败下来,到学曾成人时竟无钱娶亲。顾金事此时嫌鲁家贫穷,有退婚之意。不过他夫人孟氏知道女儿阿秀为人正直,秉性贞洁,要其退婚,必不会依从。

一天,顾金事有事外出。孟氏夫人命家内老妇人去唤学曾来后门相会。老妇人到了鲁家,知道学曾已去梁姑母处借米未回来。孟氏又让老妇人去梁家转告学曾。学曾自知家贫,衣衫褴褛,羞愧难当,决定向表兄梁尚宾提出借几件衣服去赴约。梁尚宾向来轻浮好色,得知表弟要去和阿秀约会,故意劝他不要鲁莽、心急,明天赶去顾家不迟,自己却趁隙冒充学曾到顾家后门,求老妇人引见。孟氏不知此女婿是假,先好言安慰一番,然后留他住宿一夜。等到深夜,孟氏夫人趁人声寂静之际,拿出六十两银子,二对银杯以及首饰十六件,让女儿阿秀交给"学曾",叮嘱他回去后,带着这些财物来顾家行聘订婚。谁知,梁尚宾从阿秀手中接过这些财物后,又起了歹心,抱着她吹灯求欢。

阿秀被奸污后,梁尚宾没有敢立即回家,在外面鬼混了一些时辰。第二天回家后,又借口衣服没准备好,让学曾再拖延一天去约会。他心里盘算着:只要等顾金事一回家,学曾就不敢去顾家找阿秀,这样自己干的那桩丑事也就不会暴露。

第三天夜晚,学曾穿着表兄的衣服十分高兴地去顾家赴约。他想从中门进府,可是顾家守门人横加阻拦,只是禀报了孟氏夫人才准予通行。孟氏出来一看,吃了一惊,怎么女婿又换成了另外一个人?让女儿阿秀前来辨认,阿秀方知前天晚上上当失身,看着学曾惶恐不安,哭着说:"您来晚了,我再也不能成为你的妻子了!"接着将自己头上的首饰给了学曾,自缢身亡。

顾金事此时正好回到家里,见此情景,悲痛万分,乃抓住学曾要他偿命,以逼婚害命为由写了状子送到县里。县令见了状子,不由分说,即判处学曾绞刑,关在狱里,等待批复处决。

不久,巡按大人陈御史到了江西,顾金事与陈御史是同年登科的书生,因此又将这起案子拜托他多加细审。陈御史仔细地审阅了案卷,决定单独提审鲁学曾。在审问中,御史问道:"你去过顾家几次?""只有一次，还是孟氏夫人派老妇人来姑母家通知我去相会的。"学曾回忆说。"你家离城里有多远？""十里。""为何迟至第三天夜晚才赴约？"学曾又把家境贫寒，向表兄借衣以及进府后遭到冷遇、阿秀不知何故说了一句"我不能成为你妻子了"的话然后接着自缢的事，都诉说了一遍。御史见学曾态度自若，不像是个杀人凶手，而且从发案过程来看，嫌疑最大的倒是梁尚宾。为了进一步将案情调查清楚，直接获取罪证，御史又乔装成布商进行了私访。

"卖布，卖布！"陈御史在梁家门口高声吆喝着。梁尚宾一见布商要价低廉，便将布全部买下，而且是用顾阿秀给他的银杯、首饰作折价而买。陈御史将这些物品拿回交顾佥事辨认，顾佥事大惊："这些都是我家的东西，你从何处得来的？"御史笑着说："我看，这就是令爱自尽的根由。"陈御史立即传令提讯梁尚宾，问他那天夜晚冒充鲁学曾在顾家干了什么坏事。梁尚宾开始狡辩不肯承认。御史出示了顾家的银杯和首饰，还点出买布将顾家财物换买一事。梁尚宾在罪证面前只得招认了自己冒名顶替、奸污阿秀的罪行。

■ 滴血认亲：寡妇与外甥通奸

明嘉靖三十四年（公元 1555 年），浙江淳安县兴隆杂货铺女店主何刘氏抱着一个不满周岁的孩子，来到县衙报案，称小叔刘茂奸污了她，望知县做主。

知县海瑞吩咐将刘茂抓来，问道："大胆刁民，如何杀死亲兄，奸污嫂子，快快道来。"

却说那刘茂是个结巴，越紧张越说不明白，直憋得满脸通红。海知县耐着性子听了半天，才听出个子丑寅卯。刘茂辩称：他哥哥刘森一年前就死了，侄子还不到一岁，是外甥郭应基与嫂子通奸生的孩子，却嫁祸于他。

海知县见刘茂强词夺理，贼眉鼠眼，觉得他不是个好人，便吩咐用刑。刘茂被打得皮开肉绽，仍一口咬定是郭应基与嫂子通奸。海知县见审不出什么，便命将刘茂关押，吩咐手下去调查郭应基，从孩子的生父上寻找突破口。

过了几天，下去查访的差官汇报。这杂货铺是刘森、刘茂兄弟二人继承父亲的。刘森为人忠厚，勤俭持家，小心张罗着生意。刘茂却游手好闲，整日吃喝嫖赌，至今未娶媳妇。谁知好景不长，刘森不到三十就病死了，妻子何氏接管了店铺，刘茂不但不帮她料理，却整日向她要钱去赌。何氏无奈，只好将丈夫的外甥郭应基叫来帮忙。郭应基是个秀才，平时小心帮助舅母经营店铺，而且心地善良，不像恶人。

海瑞见属下查不到什么，便亲自来到店铺。经过了解，从店伙计口中找到了一条线索：当时何氏生孩子时，曾见郭应基心神不定，还让邻居姜氏送过鸡蛋和肥鸡。

海瑞立即命人带来郭应基和姜氏。姜氏承认代郭送过东西，其他一概不知。

海瑞便问郭应基："你是个秀才，不堪重刑，如何与舅母通奸生了孩子，又嫁祸刘茂的，还不如实招来。"

郭应基辩道："刘茂讹诈钱财，我没有给他，他就栽赃陷害我，望大人明察。"

海瑞说："你是不见棺材不落泪。"遂命下属端来两盆清水，将小儿的血分别滴入水中，又分别从刘茂和郭应基身上取出血样滴入水中。一会儿，郭应基的血和小孩的血溶到一起，而刘茂的血却没有溶。郭应基一下子瘫坐在地上，认罪服法。何氏也低头认罪。

原来，郭应基来店铺帮忙后，就与何氏通奸，后来生了孩子。刘茂以此为要挟，经常讹诈钱财。一直到何氏实在满足不了要求，才将小叔告到县衙。

案情大白，何氏不守妇道，与外甥通奸，又栽赃小叔，杖责三十，放归娘家，永不准登刘家大门。郭应基身为秀才，不守礼法，与舅母通奸，学门难容，革去巾服，黜退前程。刘茂不务正业、游手好闲，责令好好养育侄子，看守店铺，店内家产由官家造册，不得动用分毫，待侄子长大，交由他掌管。

其实，现在看来，滴血认子并不科学，但古书这样记载，后人也不能再去追究。

■ 宝莲污秽：淫僧扮送子观音

明朝时期，青年进士汪旦到陕西永淳县就任知县，半路上听到这样一件奇事。

永淳县有个宝莲寺，寺中房屋众多，广有田产，很是富裕。但真正使宝莲寺名扬四方的，还是因为寺中有个子孙堂，子孙堂供奉着送子观音。子孙堂的两边，各有十多间净室，内设床帏桌椅，凡是壮年无病长期不育的妇女，斋戒七天后，便可到寺中祈祷，单独在净室中过夜后，都能怀上孩子。因此，寺庙整天香火不断，人山人海。对此，汪旦不信，决定揭穿内幕。

到任后的第三天，汪知县带几个随从化装到宝莲寺探访，发现了其中的奥妙。

回到衙门，汪知县便叫属下找来两个妓女，假装成家眷，送到宝莲寺去求嗣，同时为她们

▲ 木雕送子观音

预备下朱砂汁和墨汁各一碗，暗中带进净室去，并吩咐千万保密。

两个妓女很快找到，一个叫张媚姐，一个叫李婉儿，当天就被送到了宝莲寺，住在了寺里。

却说张媚姐当晚掩上门，把朱砂碗放在枕边，脱去衣服上了床，因心中有事，一直不敢睡着。到了一更时分，忽然，床前的地板"格格"地响了起来，只见床前的一块地板地面出现了一个大洞，一个光光的脑袋从洞中钻了出来，原来是个和尚。张媚姐一惊，不知如何是好。

张媚姐仍假装睡着，只见那和尚轻手轻脚地过去吹灭了灯，脱去衣服，钻入了被窝。张媚姐假装刚从梦中惊醒，问道："你是谁？怎么半夜三更来奸污良家妇女？"

那和尚双手紧抱着她，说："娘子不要害怕，我是金身罗汉，今晚特地来送子给你的。"

张媚姐装出羞涩的样子，半推半就地随他轻薄，用手在枕边碗里蘸了朱砂，往和尚头上抹去。事毕，和尚给张媚姐一个纸包说："这是调经种子丸，每天早晨用开水送服，每次服三钱，连服几天，胎就牢固了，保你尽快生育。"说完离去。

张媚姐被和尚缠得浑身疲乏，正想入睡，忽然又来了另外一个和尚。

张媚姐见和尚轮着班地来奸宿，心里不觉害怕起来，连忙推托说："我体质怯弱，快饶了我吧。"

和尚说："我这里有一些春意丸，你吃下去就是玩一个通宵也没关系的。"说着从口袋里掏出一个小纸包递给张媚姐，张媚姐把药丸藏了，仍用朱砂在和尚头上抹了一遍。那和尚直到鸡叫时才顺着洞口下去，把地板仍照原样盖好了。

这边李婉儿也是遇到了同样的结果，也受到两个和尚的奸淫。

第二天早晨，汪知县召集了一百多名兵丁，带着绳索器械来到宝莲寺门口，吩咐兵丁埋伏在宝莲寺两旁，听候命令。安排完毕，便前去敲打寺门。

住持佛显得知汪知县到了，急忙迎了出来。汪知县便要过寺里的花名册点起名来，五十多个和尚到齐后，汪知县让大家把僧帽都摘下来，只见一大片青闪闪的光头中忽地冒出了两个红点和两个黑点。汪知县立即喝令手下把这四个和尚锁了起来，问道："你们四个和尚为什么头上涂抹了朱砂和墨汁？"

四个和尚推说是同伴们开玩笑涂上去的。汪知县笑道："我帮你们去请那玩笑的人来见见。"便命手下去唤那两名妓女过来。

张媚姐和李婉儿便将夜里两个和尚轮流前来奸宿，又给了春意丸和种子丸，自己在他们头上涂抹朱砂、墨汁等经过当众一一细述出来，同时又从袖中摸出这两种丸药，交给知县。

四个和尚忙趴在地上拼命叩头，大叫饶命。佛显却若无其事地上前禀告道："本寺僧众，均守清规，只有这四个人，刁钻奸淫、无恶不作，虽常训诫，但总是屡教不改。小僧本来正想报告官府对他们进行严惩，今天幸亏被老爷亲自察觉，罪该万死。不过寺中别的和尚都是恪守着清规的，望老爷详察。"

知县命手下搜查寺庙，发现有许多暗道与进香人住的房子相连。同时，汪知县命手下把昨晚在寺中留宿的妇女们都叫过来一一盘问。谁知这么多妇女没有一个承认昨晚有和尚来奸宿的。汪知县知道她们是怕羞才不肯说出实情，便令手下搜查她们的衣服，结果在每个妇女的袖中均搜出一包种子丸来。汪知县命令手下叫来寺外埋伏的兵丁，当场将寺中成年和尚全部抓获。

回到县衙，所有和尚均承认装过送子观音，奸淫进寺女眷。知县立即审理，将众和尚打入死牢，又命人放火烧了这座充满污秽的禅寺。

第二节　色字头上一把刀

■ 破镜重圆：好色徒绳之以法

　　五代时期，秦州郡发生了一起杀人案。

　　城中以杀猪卖肉为生的王小二娶了一位美貌贤慧的妻子。婚后不久，王小二卖完肉晚上回家，不见了妻子，却在后院墙边发现了一具无头女尸，以为妻子被杀，急忙跑到岳丈家报信。岳丈便到郡中状告女婿杀了女儿。于是王小二被押到官府受审，他受刑不过，屈打成招，迷迷糊糊地画押承认了杀妻罪名，等候处斩。这件案子很快成为人们街谈巷议的热门话题，都说是一起冤案。各种议论传到郡守那里，他也感到王小二杀妻案证据确实不足，审结得有点草率。他叫来具有多年办案经验的衙役赵雄问道："你对王小二一案有何看法？"赵雄知道郡守对这起案子有怀疑，有意再审，便说："恕小人直言，我看这个案子有三个疑点：王小二夫妻恩爱，杀妻动机不明是其一；死者无头且下落不明，证据不足是其二；杀人理应销尸灭迹，而王小二却急忙报信是其三。"郡守听后认为很有道理，于是命赵雄重新调查此案。

　　赵雄把王小二从多人监房中提出，单独关押。第二天狱卒送来酒肉，躲在僻静处观察王小二的反映。王小二见送来酒肉，以为马上问斩，不由得悲愤交加，仰天长叹，并自言自语道："我王小二好冤枉啊！

刚娶的心爱妻子被人杀害,自己却来当替罪羊,这世道怎么这样不平!"说完涕泪满面,一手拿肉,一手拿酒吃了个精光。狱卒把王小二的言行举动告诉了赵雄。接着提审王小二,赵雄问:"你是怎样发现妻子尸体的?""那天回家推门进屋不见妻子,在后院矮墙底下发现了尸体,我痛不欲生地抱起尸体,却发现没有了头,惶恐中放下尸体跑到岳丈家去报信。"赵雄又问:"你妻子身上有什么标记吗?""右乳下有一朱红胎痣。""你抱尸体时有何感觉?""妻子娇小,可尸体较重。""你妻被害前有什么反常没有?""没有任何反常,只是多次说家中后墙矮,后院李老财家的儿子李二虎不是好人,要我把墙加高些。"赵雄让狱卒严加看守王小二,以防凶手杀人灭口。然后带两名仵作去开棺验尸,发现尸体右乳下并无朱红痣。赵雄命狱卒密查近期城中谁家死了女人,狱卒回报说:"王小二后邻李老财家死了奶妈。"赵雄带仵作赶到坟地开棺验尸,发现只有一个老年妇人头颅,经与无头女尸核对,确系李家奶妈。赵雄将案情汇报后,命众衙役捉拿李老财、李二虎。

李二虎见阴谋败露,只好招认说:"小人贪恋王小二妻子的美色,白日王小二不在家,三番五次地越墙调戏。而奶妈屡屡责备。一日正在翻墙入院时,被奶妈扯腿拉下墙,气愤之下一拳打向奶妈胸口,奶妈气绝身亡。经与父亲商量后,对外说奶妈暴亡,将头割下埋葬,尸体扔到王小二家作替身,把王小二妻子骗到家中藏起来。然后到处说曾看到王小二拿着刀

▲ 古代夫妻

追妻子,并有意向王小二岳丈家传话。让王小二的岳丈控告王小二杀妻,等王小二处斩后,再逼其为妾。"

郡守判李二虎死罪等候问斩,李老财下狱。派人在李二虎家找到了王小二的妻子,恩爱夫妇死里逃生,重获团圆。

■ 溺死婴孩:恶汉唆主仆苟合

明朝宣德年间,江苏扬州府仪真县有一户人家,主人叫丘元吉,妻子邵氏,姿色出众、行为持重,夫妻恩爱,只是结婚六年,邵氏没有生育。不久,元吉生病去世。叔公丘大胜劝邵氏改嫁,但邵氏心意坚决,决不再嫁。从此,家中只用使女秀姑,男仆得贵,其他人等全部辞掉。

时光如梭,丘元吉去世不觉十年,邵氏想为他做场法事,超度亡魂,便叫得贵去请叔公丘大胜来商议,丘大胜满口答应。

却说丘家附近新搬来一户人家,主人叫支助,是个破落户,整日不务正业、游手好闲。做法事这天支助看到邵氏颇有姿色,就动了念头想占她的便宜。此后,支助便慢慢地用小恩小惠收买仆人得贵。

有一天,支助又请得贵喝酒。酒过三巡,支助问得贵:"你三十多岁了,想过女人吗?"得贵不好意思地说:"想也没用……"

支助进一步撩拨道:"你真傻,家里放着这样一个标致的妇人,你怎说没用呢?"得贵被他撩拨得面热耳赤,羞得一声不吭,支助见得贵已经动心,更加挑逗道:"你若有心,我教你一个法子,保证你得手,怎么样?"说完,便如此这般在得贵耳边嘀咕了一阵。

晚上,邵氏带秀姑依旧掌灯出来到处查看,当她们来到得贵住的房前时,见房门未关,得贵赤身裸体地仰卧在床上,邵氏骂道:"这狗奴才,门也不关,赤身裸体睡觉,像什么样?"便叫秀姑给得贵关上房门。

第二天夜里,邵氏同秀姑来到他的门前,见他仍赤身仰卧,又骂道:"这狗奴才越来越不像话,被子也不盖上。"便走过去为他盖上了被子。

到了第三天,得贵仍然敞开房门,赤裸裸地假装睡着。邵氏查房时没叫秀姑同去,看见得贵赤身露体,又是结过婚的人,早已按捺不住春心荡漾,便吹灭灯火,脱衣解带,悄悄爬到得贵床上。从此,邵氏就私下与得贵通奸。

过了几天,支助问得贵:"如何谢我?"得贵无言以对。不久,邵氏便有了身孕。几次打胎都没有成,邵氏就生了一个男孩,她把男孩溺死,用草包裹起来,叫得贵悄悄地去埋掉。

得贵在埋死婴时,正巧被支助抓住。支助早知是得贵所为,便大声道:"你家女主人是丘元吉的妻子,丘元吉已死去十多年,这孩子是从哪里来的?快拿一百两银子来,否则,我要去官府告发!"

得贵回到主人家后,把这件事向邵氏说了,邵氏无奈,只好取出四十两银子,叫得贵拿去赎回死婴。得贵把银子交给支助,说道:"把孩子还给我吧。"

那支助要的是邵氏和家产,便对得贵说道:"我说要银子是句笑话,死婴我已埋掉了,不过你得引我去和你家主母相会,否则,我就去官府告发。"

邵氏听罢得贵的回话,怒向胆边生,提起平时放在枕底的扑刀,一下将得贵脑袋劈开。邵氏见得贵已死,也自缢而死。

过了很久,秀姑见主人房内无声,便推门进去,见一人上吊,一人死在地上,赶紧告诉邵氏叔公丘大胜。丘大胜忙去报案。

知县派衙役来勘验了尸首,又审问了秀姑的口供,判令:主仆二人争执,邵氏杀死得贵,自缢身亡,责成丘大胜将死者埋葬,秀姑知情不报，处杖刑后由官府卖掉。此案就此了结。

再说支助听说因为他害了两条人命，忙找出那个用石灰腌了的血孩，用草包裹着拿去抛在江中。不料路上碰见熟人包九，这包九是公差，便问他抛到江里的是什么，支助谎称是臭了的腌牛肉。

包九心细，又回去令人将包裹捞了起来，却发现是用石灰腌过的死孩，便送到县衙。

当时，苏州太守况钟正巧在仪真县巡察，他是一个断案如神的清官。听到这个案子，便与知县一同审理了案件。况钟命人将支助拘来，问道："支助，石灰腌的小孩是从哪里来的？"支助想要抵赖，却被包九在一旁指证。支助只好将教唆得贵勾引邵氏失身怀孕，又用死婴讹诈的罪行供认。

案情明了。况钟提笔，判处支助死罪。

■ 奸淫小人：捕役扮盗擒凶犯

福山县富翁张某，家产万贯，只是人丁不旺。张某在不惑之年忽得一子，视之如命，爱之如宝。百日那天，请来教书先生，为儿子取了个吉祥的名字"顺福"。意思是孩子会事事如意，享尽人间幸福，无灾无难。

顺福长大，模样长得还算端正，远近有钱人家前来提亲的接连不断。张某夫妻说，家景好坏倒没有什么，只求姑娘人品好、模样好就行。挑来挑去，一直到顺福十九岁那年才和一个姓王的人家结了亲家。结婚以后，张某因疼爱儿子，翻修了一栋二层的小楼，让小两口居住，并派了男仆郑三侍候他们。

郑三在张家为仆多年，平时显得恭顺老实，很受张氏父子的信赖，但实际上却是一个凶狠狡猾的家伙。他见王氏长得标致动人，便起了不良之心。一天，他实在无法控制自己，把脚一跺说："能和这样的女人有一夜之欢，就是披枷戴索、充军发配，也不算冤枉。"当晚，三更过后，他拿了绳子、铁钉、锤头和短刀，进入小楼，随即用铁钉紧紧把大门钉死。然后，顺着楼梯上楼，闯进顺福夫妻的卧室。持刀威胁说："不从，就是刀下之鬼！"他先将顺福绑在楼柱上，然后又将王氏捆在床上，进行奸淫。王氏无力反抗，求死不得，和丈夫一起号叫呼救。张某夫妇闻声赶来，发现楼门紧闭，不得进入，遂命人破门。郑三在楼上大声说："如果破门，我就将你们的宝贝儿子杀死。"张某夫妇害怕，不敢砸门，急得在门外团团打转。又听郑三说："一日两餐，要准时送来。如果不给，先饿死的是你的儿子。要是拿粗茶淡饭来对付，我就打你的儿子。你们听清了，每天按时送到窗下，到时我放下绳子提取。"

官府接到张某的报告，派捕役前来，因怕伤害张顺福夫妻的性命，不敢上楼强行捕捉凶犯。过了几天，县令乘轿从张家门前经过。张某上前喊冤。县令接过状子，略微看了一眼，就掷在地上，对张某大声说："这件事已经一个月了，我也曾派人前去逮捕恶徒，但你怜惜儿子的性命，教我有什么办法！"说罢，起轿而去。张某痛哭。郑三听之，更是扬扬得意。

一天夜晚，郑三忽听院内人声鼎沸，不知出了什么事情。走近窗前往外一看，只见火光照耀，几十个强人拿着刀棍，到处翻抢财物。张某夫妇跪着求情，众仆人吓得惊叫不止。又听众盗大声说道："这座小楼一定是收藏金银的地方。"话音一落，就有十几个人拥到小楼门前，举起斧头，几下就将楼门砸开。郑三正想躲藏，强人已进入卧室，向前将他抓住。接着一个穿官服的人走进卧室，命令将郑三绑捆起来，带回县衙审问。此时郑三如梦方醒，才知这伙人不是强盗，而是官府的捕役。前几天县令不接受张某的诉状，乃是施放烟幕，麻痹自己。

捕役装扮成强盗，出其不意将凶徒抓获，解救了人质，办法高明极了。事后，百姓们都说县令是智多星下凡，编成了故事说唱。

拓展阅读

寡妇买来的棺材

唐玄宗开元（公元713—公元741年）初年，李杰任河南府（今洛阳一带）的府尹，有一个寡妇来府告发她的儿子不孝。按照当时法律，"不孝"是十恶重罪之一，犯者要处以死刑。

李杰传寡妇的儿子到堂，见他面容悲戚，泪流不止，只是说"得罪了母亲，死所应当"，似有冤屈而又不加申辩，李杰便对那寡妇说："你丈夫已死，身边只有这个儿子，你用法当论死的罪名告他，以后不后悔吗？"

寡妇说："他对我不顺从，我还能可怜他吗？"

李杰说："既然如此，你去买口棺材准备盛殓他的尸体吧。"

寡妇欣然下堂。李杰命人尾随其后，暗中观察，看到寡妇对一个道士说："事情办妥了。"

很快寡妇便买来了棺材。李杰又传寡妇到堂，还希望她能悔悟，再三开导她，要她别对独生儿子如此狠毒，但寡妇坚持原意，毫不动心。

于是，李杰命人把在府门之外等候消息的道士抓来，严加审讯。道士供道："我与寡妇通奸，常常被她儿子劝阻，所以，为了除掉这个障碍，才想出了这个办法。"李杰下令将道士和寡妇用刑杖打死，就用寡妇买来的棺材装殓这两具尸体埋掉，宣布寡妇的儿子无罪。

第四章
正直"官爷"——明辨是非

在中国古代,做官者通常被百姓看作"官老爷",能够为民做主,即为普通百姓撑起一片公平的天空。尽管各朝各代都不乏各种贪官污吏,但是,能够明辨是非、公正严明的官员也不在少数,例如唐代的狄仁杰、宋代的包拯等,都为百姓所拥戴。

第一节　智破奇案

■ 神鬼骗钱：戚贤智识奸计

明朝有个人叫戚贤，他被派到浙江省归安县做知县的时候，正是酷暑盛夏。太阳就像一个大火炉，连偶尔刮过的一阵风也是热烘烘的。几个轿夫热得头昏脑涨，汗水浸透了衣服，坐在轿内的戚贤也不断地擦汗。

刚刚走进县城，只见一座庙前，人们拿着香烛，抬着祭品，前拥后挤，出出进进。戚贤让人停下轿，他走出来，想看看这个热闹场面。随从告诉他，因为久旱不雨禾苗枯萎，有人出面张罗，收取钱物，要大家来祈雨。这庙叫"萧总管庙"，神道灵验，有求必应。

戚贤听后，冷冷一笑。心想："什么神道鬼术，都是一些人打出的骗钱的幌子。"

可是，谁也想不到，第二天，这位新上任的县太爷，反倒走出县衙，和老百姓一起祈雨了。

祈雨三天，还是烈日当头的大晴天。这时戚贤站出来，当着众人的面指着神像责骂："你既是神道，受人供养，理当为大家消灾，天旱得这么厉害，大家诚心实意地求了三天，你滴雨不下，要你脓包神道何用？"

骂完，喝令差役把神像扳倒，脖子上套一块大石头，丢到城外的大河里去了。

人们被这事吓慌了，担心有什么祸殃降临。但是，几天过去了，不仅太平无事，还下了一场大雨。老百姓变忧为喜。

这事发生后不久，戚贤带着人乘船下乡，船刚划到沉落神像的地方，忽听一声水响，一个人形的东西跳到了船上。仔细一看，原来是萧总管的神像。

船上的人慌了手脚，以为神道显灵，来降罪诛罚了，个个吓得软作一团。只有戚贤不动声色，反倒哈哈大笑起来，说："还是烧掉了干脆！"

他指挥几个跟随的差役，把神像抬上岸，架上木柴点燃，不大一会儿，烧成了一堆白灰。

这时，戚贤暗暗分派了两个强壮的差役，带上刑具，藏在河边的土地庙里，戚贤吩咐说："假若发现有人从水里爬上岸，立即拘捕，押到县衙来。"

果然不出所料，戚贤等人走了没一会儿，水面露出两个人脑袋，窥探了一阵子，然后两人慢慢爬上岸来，正脱衣拧水，两条铁锁链已套在他俩的脖子上。

戚贤升堂审讯。

原来是那些以前借神鬼骗钱的人，恼恨戚贤堵了他们的发财之路，便精心策划，派两个水性好的同伙，伺机把神像扔到戚贤的船上，打算以此吓倒戚贤，搅乱民心，好再施展他们骗钱的伎俩。万万没想到，这一切全叫有胆有识的戚贤识破了。

■ 去伪存真：张同知折服杀人犯

清朝乾隆四十二年十月五日，天刚蒙蒙亮，有几个人在建昌府广昌县的衙前喊冤。

广昌知县闻讯后，传令升堂。来人声称其子昨夜被他人杀死在屋内。知县立即带衙内仵作及捕役等人前去勘验现场捕拿凶犯。

知县到达现场后，只见死者躺在地上，血流遍地，胸前连中三刀，像是在与凶犯搏斗时被刺。询问当时的情况，周围人都说丝毫不知。于是知县下令悬赏缉拿凶犯。

三天以后，有人报告县里，在村民张立生家发现一把带血尖刀，宽窄与死者的伤口相同。知县立即派人到张立生家和死者家里将血刀和血衣起获，经过比较对照，血刀的宽窄与血衣上的刀口正好相符。于是将张立生抓捕归案。经过刑讯以后。张立生招认，十月初四晚上，曾持刀去死者家中行窃，被死者惊觉发现。张立生转身逃跑，被死者从后面紧紧抱住不放。于是，张立生抽刀向死者连刺三刀，松手倒地死亡。然后知县又问他当晚身穿什么衣服？张立生指指身上穿的青缎羊皮褂，但并无血迹。知县当堂决定将案件依法解往建昌府审勘核准。但过堂之后。知县与府中幕友又觉得案件仍不太扎实：用其他刀比试，与血衣上的伤口也宽窄相同，且案件只有死者的血衣，没有凶犯的血衣。幕友说："既然张立生已经招认，不如将死者的血衣当作凶犯的血衣，连同血刀及张立生的青缎羊皮马褂一并附入案卷，解往府上审勘，这样案件证据就确实了。"知县表示同意。

案件经过建昌府审勘同意后，又上报江西省按察使审核。被告在审理过程中翻供。按察使也觉得案情可疑，于是将案件发往南昌府，委托张同知审理。

张同知接到案卷后，首先仔细查阅了原案卷宗材料，也认为卷中记载有凶犯的血衣和凶刀，张立生是杀人凶手无疑，即使翻供，也可定案。然后，升堂审讯张立生，只听张立生哭诉道："广昌县起获的血衣不是我的衣服，那是死者的。衣服上血刀刺破痕三处可查验。解来的血刀，既不是从我身上搜出来的，也不是我供出的，不知捕役是从什么地方起获的，与这大小相同的刀多得很。我不是杀人犯，都是广昌县敷衍塞责凭空栽赃陷害我。"张立生的口供与原审相差甚远，张同知听了也感到十分吃惊。没有想到，连血衣如此重要证据都有出入。经过检验血衣，果然有三处刀痕，显然这就是死者的衣服。再说，血衣是一件贴身白布短衫，即已被血迹污染，用刀刺破，不值得剥取。况且，当时死者被刺身亡，正是凶犯逃脱的机会，如何会有空闲去剥取血衣？如果说死后剥取，已难使人相信，更何况作为杀人者，避之唯恐不及，怎么可能身穿带血迹的衣服呢？还有，张立生连血刀都抵赖，很难使他承认自己是凶手，也找不出他杀人的动机，怎么能使其口服心服？想到此，张同知也感到此案证据不足，完全有理由推翻。

　　大堂下面，张立生跪在地上，见张同知许久没有说话，便猜想到是他的哭诉打动了同知大人，觉得还应进一步恳求，便又大声哭喊道："张大人英明，您就是如今的包青天，一定给我申冤啊！"张同知被他的喊声惊醒，猛一抬头，与张立生的目光正好相遇。他忽然注意到张立生在大声喊冤的同时，脸上还现出窃喜的表情。再观此人贼眉鼠眼、尖嘴猴腮，两只小眼滴滴溜溜转来转去，似非善类，他断定其中必有蹊跷。随卷转来的三个物证已被张立生否认了两个，只剩下那件没有血迹的青缎羊皮马褂了。按照一般情况，盗窃杀人案的凶手身上应当有血迹才对。恐怕张立生也会否认这是他的，张同知试探着问道："这件马褂是你的，还是你借穿他人的？"

　　只见张立生赶忙回答说："是我的。我从不借别人的衣服穿，别人也未曾借过我的。"

　　"你有何标记？"张同知又问。

张立生回答："领背合缝处有一个刺绣的'万'字，靠领口扣襻还是去年新换的。"经过查对张立生所供确凿无疑。再仔细将马褂反复细看，缎旧皮黄，马褂的里面好像经水擦过，只有胸前一块皮板硬邦邦的，十分明显的露出水痕。张同知见此心中豁然一亮，莫非马褂上曾溅上血污被擦过？随即问张立生产生水痕的原因，张立生先是一惊，然后回答："曾被雨淋过。"

"为什么只淋胸前，没淋背后？"张同知追问道。

对这明显的错误，张立生结结巴巴无法解释。张同知见状，将惊堂木一拍，令其快讲。张立生改门说："是油腻所致。"

张同知驳斥说："衣服被油腻，用水岂能擦去？"

张立生又低头不语，像是斗败的公鸡，开始时那种得意扬扬的表情全没有了。观其神色，察其言辞，黔驴技穷之窘相毕见。

这时，有一个幕友悄悄地建议用大刑伺候，不过两遭，张立生必招。张同知心想，此时经过审讯完全可以定案。但擦洗血迹这一层，在证据方面毕竟还欠结实，尚不能使张立生口服心服。即使眼前招了，难保以后不再翻供。不如仔细审查一遍，再动大刑也不迟。遂宣布退堂。

中午时分，张同知正闷闷不乐地在后花园踱来踱去。忽然听到府中丫鬟阿宝在嘟囔地洗衣服："阿金真讨厌，每年都让人拆洗这么多衣服。"听到这里，张同知觉得茅塞顿开：对了，擦洗不同于拆洗。擦洗只能擦外面，里面是擦不掉的。外面擦洗一块，水浸透皮板，当时血污自属不少，且胸前出风处毛色重，估计其中贴边布条必有鲜血透入，果如所料，此案必得矣。随即喝令差役捕快押张立生到堂听审。

大堂上，张同知传令仵作拿来那件青缎羊皮马褂，当众将胸前水擦处拆开。只见白布贴边上有指头大小的血点四处。张立生看后，顿时瘫软在地，连称张同知断案如神，哀求饶命。张同知命其供认杀人情形，不用动刑，所供与原审相同。押解到省里后，张立生再无翻案。

张立生被正法后，广昌知县登门请罪，张同知哈哈笑道："大凡积匪，无不狡猾，此案翻案，本无足怪。为求结案，尊官以死衣作犯衣，反授凶犯以刁翻之柄，此为案真办假之累，为可怪耳。"广昌知县连连领首称诺。

■ 杨二冤枉：李兴智解杀人案

冤狱错案历来有之，不足为奇，这里所要讲述的是明朝时期一个叫李兴的官员智断杀人命案，为无辜的人解冤的故事。

其时李兴在陕西为官，他在处理一件审结的案子时，发现有一个叫杨二官人的，被判斩首待决，但一直不服罪，喊冤不停，李兴调来案卷亲自审阅。根据案卷记载，杨二官人时年不满二十和一女子通奸，并因此事杀死了官府巡检大人和他的老婆，还株连了杨二的父亲和女子的嫂嫂。为查明真相，李兴决定亲自重新调查审理这个案子。

嫂嫂在讯问中诉说道："我的公婆和丈夫都死了，只留下我和小姑子一起生活。小姑子年龄才刚十六岁。有一天，小姑和我在后园散步，忽然看见墙外有一个少年骑马经过。少年英俊漂亮，我就打趣小姑说：'姑娘如能同他结为百年之好，这一生就能心满意足了！'小姑问我他是什么人，我告诉她是住在东门附近的杨二官人。回家以后过了一个多月，有个巡检大人任期满后携妻带儿返回家乡，他是我已去世的公公生前的老相识，遇上天将黑前来寻友投宿。我让小姑住在我的房间，把她的房间让给巡检夫妇居住，让他们的儿子住在外屋。没料想那天晚上巡检夫妇被人杀死在屋里。今遇大人审理此案，才敢把实情告诉大人。"

随后李兴又审查了小姑子的供词，也和嫂嫂说的一致。

李兴又提审杨二官人:"你为什么当时已招认犯罪,今天又大叫冤枉?"

杨二官人诉说道:"我当时年幼无知,平素从未吃过官司,又忍受不住严刑拷打,没有办法就屈打成招、含冤承认了。杀死巡检大人的事,我确实一点儿也不知实情。"

李兴再审女子:"你和他相处月余,难道就没发现他身上有什么暗记吗?"

女子答道:"因为都是在夜里苟合一起,容貌是肯定不能认识的,但是我曾经在他左臂上摸到有个肉瘤。"

李兴当即检查杨二官人的左臂,结果没有发现肉瘤。李兴马上意识到案情有变,就让被审的几个人暂时退出去。遂令官吏集合女子家左右前后四邻,四十户人家一个不漏地前往官衙领取结状,提供杨二官人有无通奸杀人的情况,连人一起解送都察院。

官吏遵命马上召集各家邻居,领取结状提供情况。李兴看后都是证明杨二官人因奸情而杀死人命的,不由得大怒质问众人:"你们都附和原判而不查问分析事情的真相。杨二既然在黑夜行奸,难道会向你们通报一声?你们根据什么知道就是他因奸杀人的?"李兴喝令左右差役脱去众人衣服,并用绳索捆绑起来,用鞭子狠打他们的后背。李兴趁着这个空在这些人的身后慢慢走过,逐一审视他们的后背和左

▲ 古人幽会图

臂，终于在一个屠夫的左臂上看到了那女子所指证的肉瘤。李兴把这个满脸凶相的屠夫招到跟前，声色俱厉地对他说："你知道你犯了死罪了吗？杀害巡检大人的凶手就是你！"

屠夫听罢此言，早已吓得魂飞魄散，扑通一声跪在李兴面前求饶说："人的确是我杀的，我知罪，请求大人饶命。"

李兴断喝道："大胆狂徒，你为什么要杀死巡检夫妇，又怎么诱使女子与你通奸？还不快从实招来！"

屠夫自知无法抵赖，就把经过说了出来："那天，她们姑嫂俩在后园里互相开玩笑时，我正在偷她们后园的竹笋。我潜伏在草丛里，听见了她们所谈的话。天黑以后，我假借杨二官人的名义潜进那女子卧房将她骗奸，我利用夜幕的掩护，就这样和她相好了一个多月。一天晚上，我又去她的卧房求奸，看见有两个人同睡在一张床上，我不由得怒火中烧，认为她又和别人私通，就溜回家取来屠刀把这两人杀死。当时我并不知道他们是巡检夫妇，若知道是他们，我是万不敢杀人的。"

至此，案情真相大白。李兴依法判屠夫死罪，释放了杨二官人。

■ 孤女被害：总督惩凶辨真伪

清朝道光年间，福建省光泽县城有一家姓李的大户，兄弟三人住着一处深宅大院，大院被一块草坪隔开，分为东西两宅。老大李贵渠是个捐纳的贡生，和老二李贵沿住在西宅侍奉老母官氏；老三李贵璜和大哥不和，独住东宅。兄弟三人行为放荡，到处嫖妓宿娼，荒淫无度。

老二李贵沿早年丧妻，又娶黄氏为妾，妻子邓氏留下一女名叫得姑，自幼性情孤傲。李贵沿无暇照顾女儿，整日在外胡混，又和邻居寡妇谢吴氏的女儿梅姐勾搭成奸，不久便娶来做了填房。梅姐本是个放荡的女人，早又和她的表哥谢厚才勾搭在一起。得姑看不惯继母的丑行，经常出言奚落,梅姐无计可施,却怀恨在心。

  道光十二年正月,李贵沿得了重病,知道他死后得姑会受欺,又素知大哥心狠手辣,不可信任,便把得姑托付给三弟李贵璜。得姑早年已许给黄家为妻,李贵沿把黄家给的聘礼九十六两白银,交给得姑的舅舅保存,放贷收息。又当着家人的面,把十四亩好田划在得姑名下,连同妻子邓氏留下的衣物首饰等作为女儿的嫁妆。同时,还过继三弟的儿子李淙权为子,承受家业。不久李贵沿便死去。

  李贵沿死后,日子一天天窘困,李贵璜见得姑心急如焚,就与得姑商量,拿出她母亲留下的一部分首饰到当铺典当了三十千文钱暂用。李贵渠知道后,认为这些首饰昂贵,便从得姑手中骗出当票,取了出来,企图变卖后据为己有。得姑得知他的意图,赶紧告诉了叔叔,李贵璜让梅姐把当票要了回来,李贵渠为此十分恼怒。

  一计不成,又生一计。李贵渠偷偷将得姑名下的一块地卖掉,得款一百四十千文,只将九十千文给了李贵璜,其余五十千文占为己有。从此,与三弟、得姑的矛盾更大。

  却说梅姐哪里耐得住寂寞,丈夫死后,整日和表兄谢厚才鬼混。一天,二人正在奸宿,正好被人发现,李贵璜把她狠狠地训斥了一顿,梅姐转而投进李贵渠的怀抱。李贵渠得了梅姐心中大喜,又唆使她让自己二儿子李熊到李贵沿家掌管田租账目,父子乘机侵占了不少二弟家的田产,梅姐心领神会,假装看不见。

  对大爷父子的所作所为,得姑十分气愤。当梅姐公开与大爷调情说笑时,实在看不下去,就找到庶母黄氏说:"大爷的行为让我忍无可忍,到祭告祖宗时,我要在宗族人面前说出来,让族人处理这两个不知羞耻的败类。"黄氏连忙阻止她。恰在这时,李熊从门前经过,把她们的谈话听了个一清二楚。李熊立即告诉父亲,李贵渠害怕事情败露后,落个身败名裂，顿起恶念。

他让儿子找来自己家的帮工李蔼得和李方仔，答应每人给三十千文钱，立即处死得姑。二人知道得罪不起，只好同意。众人正在议论办法，这时李贵渠有点呆傻的大儿子闯了进来，李贵渠怕他露出风声，吩咐众人把他绑起来，关进一间无人住的破屋里。

晚上，李贵渠让梅姐出面谎称得姑的奶奶官氏得了重病，叫得姑快去。侍女细妹很快喊醒了得姑，得姑没有怀疑，赶紧向前院奔去。走到院子里，突然一根木棒打来，得姑倒在地上，细妹吓得叫了一声，一个人上来一把捂住了她的嘴，细妹一看，是她哥哥李蔼得，便赶快退回到屋里关上房门。

李贵渠让儿子李熊，家人李蔼得、李方仔把得姑抬到一座好久不用的藏书楼里，吩咐李蔼得赶快下手。李蔼得解开得姑的上衣纽扣，取出尖刀，一下捅进她的胸部，得姑当即死去。

杀死得姑后，李贵渠多少有些后怕，为防万一，决定制造得姑自杀的现场。他突然想起家中有把公用的尖刀，平时在得姑那里保存，最近得姑还用来削过东西。他让儿子等人把得姑的尸体抬到李贵璜门前，又去得姑房里找来尖刀，插在得姑伤口上，装成自杀的现场。慌乱中插偏了位置，得姑尸体上有了两处刀口，同时，在抬得姑尸体时掉了一只鞋，众人也没有发现。收拾完毕，各自回去睡觉。

第二天，李贵璜的使女首先发现了得姑的尸体，急忙向他报告。李贵璜仔细察看了得姑尸体，看见有两处刀口，身下无血，而且少了一只鞋子，便断定是在别处杀死后移尸于此。

李贵璜急忙写了状子，到光泽县告状，知县张梦兰刚上任不久，立即吩咐差役前往验尸。这里，李贵渠早已买通地保，在差役面前做了手脚，差役验尸后，认定是自杀身亡，张梦兰没有怀疑。

正准备书写结论具情上报,突然,刑书高光在旁阻止。高光有多年的办案经验,他觉得此案有许多疑点:尸体胸部本来是两处刀伤,可李贵渠和差役们却说只一处,而且诸人一个个心神不定,其中一定有诈。

张梦兰吩咐手下人回到衙门,重新讯问人证。重点自然放在得姑使唤的侍女身上。贴身侍女细妹不知下落,张知县命令差役们立即缉拿,同时审问了外室侍女冬梅。冬梅年仅十六岁,哪里见过这种场面,糊里糊涂将平时梅姐与得姑争吵,李熊霸占得姑的财产,得姑向梅姐索要,梅姐生气用尖刀刺死了得姑等事乱供出来。

找来梅姐对证,开始她不承认,后经严刑拷打,终于招供。同时,又供出与她素有矛盾的黄氏同谋杀人。黄氏也屈打成招。张梦兰将人犯关押,并抄写案情上报。

再说李贵渠本想制造得姑自杀假象,却忙中出错,现在案情已被定为他杀,如果梅姐供出真相,后果不堪设想。于是,他四处活动,放出消息说:"张梦兰审案不实,两个女人屈打成招。"同时,到狱中指使梅姐和黄氏翻供。

案子报到省里,福建按察使提审人犯,两名女犯同时翻供。当按察使质问光泽知县张梦兰到底有几处刀伤时,张回答有两处。按察使觉得事情有些蹊跷,赶紧上报福建巡抚魏元良和闽浙总督程祖洛。魏、程二人马上上奏道光皇帝。道光皇帝十分恼火,革去张梦兰官职,命令魏、程二人务必查明真相。

魏、程二人吩咐手下得力差役乔装打扮,进行密访。发现了新的线索:梅姐经常和李贵渠淫乱私通,得姑因此经常和她发生冲突;发案后,李贵渠神色慌张,其家人李蔼得和李方仔不知去向,前几日才从外地回来,其长子李大雅被软禁在家里;得姑的贴身侍女细妹已躲到未过门婆家去了。

魏、程二人一边吩咐缉拿细妹，一边传唤李蔼得、李方仔和李大雅，并实行隔离审讯。李大雅经不住逼问，将看到父亲计划杀人的经过供了出来。

这里，细妹也被带到，她也将看到的一切供了出来。两个帮凶见事已败露，也招供画押。李贵渠知道难保性命，乘差役不注意，一头撞死在大堂的墙上。

魏、程二人将审理结果上报道光皇帝。道光下旨：首犯李贵渠已死，不再追究；主犯李熊系死者弟弟，按大清律例从严处理，立即处斩；主犯李蔼得、李方仔是死者族兄，处以绞刑；梅姐与人淫乱，处以绞刑；其他知情不报者，各打五十杖。

■ 老乡不合：知府公断还清白

清嘉庆年间，西安府守城兵勇中有两个山东人，一个叫王中丞，在城外巡逻；另一个叫郑魁，是个伙夫。两个老乡在一起当差，本应互相照顾，但不知何时何故，二人结下了怨仇，经常发生口角。

一天下午，王中丞巡逻结束回营吃饭，刚吃了一个馒头，就七窍出血，一命呜呼。当时值班的伙夫正好是郑魁，一起巡逻的兵勇马上报告头目。

兵勇头目知道事关重大，赶紧派人验尸。发现死者嘴唇发青，口中有血，断定是中毒而死。这时，一个和王中丞一起巡逻的兵勇出面做证说："今日上午，我曾看见伙夫郑魁在街上买回了一包砒霜。他们二人虽系同乡，却素有矛盾，经常争吵，可能是郑魁报复，将他毒死。"兵勇头目见人证、物证俱全，就以投毒杀人罪将郑魁查办，准备上报后处死。同时，吩咐兵勇将王中丞厚葬，尽快通知他在山东的家人。

可郑魁却说他没有毒死王中丞，不肯画押。兵勇头目无奈，只好报告西安知府邓廷桢，请他处理这个案子。邓廷桢办案公正，他认真翻阅了卷宗，发现有许多疑点，决定重新审理。

邓知府立即提审郑魁，问道："你买砒霜毒死王中丞，报复杀人，快快从实招来。"郑魁回答："小人是一个伙夫，见仓库中老鼠很多，就在城中开源药店买了二钱砒霜，制成鼠药，放在仓库的墙角上，大人不信，可以派人去看。"

邓廷桢命令差役到仓库中检验，果然找到一包用砒霜浸过的高粱米。邓知府又命令将开源药店卖砒霜的老板传来，问道："那天郑魁到你药店买过多少砒霜？"老板想了想，回答说："那日郑魁一共来过小店两次，第一次买了二钱砒霜，第二次买了一钱，小人不敢隐瞒。"

邓知府再次审问郑魁，郑魁坚持说他只去过一次开源药店，买了二钱砒霜。案子又一次没了头绪。

这时，兵勇头目来找邓知府说："人证、物证俱全，重审也没有发现疑点，可以尽快结案了。"言谈中还带着几分得意的神色，邓知府从他的神态中觉得其中必有问题。为了稳住兵勇头目，就告诉他说："如果没有其他疑点，明天就可以结案了。"

▲ 清代药房

邓知府命令差役暗中在开源药店附近的人中展开调查，确定郑魁那天到底去过几次药店。结果，一个常年在药店门口修补鞋子的人证实：他在那里修鞋五年了，郑魁经常找他补鞋，那天郑魁的确只到过药店一次。邓知府命令差役把他带到知府衙门画了押。

然后，重新传唤开源药店老板，邓知府对他说明案情的严重性，让他一定说出真实情况。老板害怕了，便招供说："兵勇头目本来打算让知府出面证实他对案子的处理结果，现在却弄巧成拙。他害怕知府推翻了他的审理结果，脸上无光，就唆使我提供假证，证明郑魁到过药店两次。"

邓知府认为药店老板这次提供的证据真实可信，但王中丞又是被谁毒死的呢？他反复琢磨了一个晚上，决定采取下一个办法。

第二天一早，他命令差役开棺验尸。经仔细检验，仵作断定王中丞是狂犬病发作而死。

结果，郑魁无罪释放；兵勇头目杖责一百，罚做更夫；药店老板打五十大板。

■ 欺骗官吏：赌博失钱谎报官

郡城有个叫伯仙的人开了一家杂货店，每日夜晚托弟弟曙初就近照看。一年正月十七，曙初到县衙报案说，货店账房昨夜失窃，现钱被盗。县官随即前往现场勘查。

县官环顾作案的现场，只见账房靠近窗口的屋上穿了一个洞，对着孔洞的窗下放了一张长条桌子。房间的东西两边各放了一

▲ 古人下棋图

张小床。陈设十分简陋。县官问伙计，是什么时间发现被盗的？答是十七日清晨。又问这张条桌昨夜是否挪动过？伙计回答说无人移动。

勘查完毕，县官心里一直在揣摩，从现场情况来分析，这盗窃案可能有假。因此决定先从旁人处探个虚实。第二天，他派差役将货店的小书童叫来县衙。差役先约小书童去菜园附近了解些情况，待书童离店后，又立即要带他到县衙。书童不知何意，只得随行。到了县衙门口，只见公差站在两旁侍候。书童跪在案下，县官突然问道："正月十六日夜晚在你店里赌钱的有哪些人？"书童毫无思想准备，但怕说了真话回去受罚，因此吞吞吐吐矢口否认。县官见书童犹豫不决，支支吾吾，知道他一定了解实情，就叫差役拿出刑具吓唬道："如不老实交代，我将用刑了！"小书童害怕皮肉受苦，立刻招供说："那晚店里由曙初出面聚徒赌博，只是他输了钱，不好向其兄伯仙交代，才谎报失窃。"县官命令书吏把供述笔录画押后，又派差役把小书童送回。不久，曙初知道事情已经败露，自动来到县衙投案自首，痛哭流涕地表示犯有欺骗官吏、谎报失窃的罪行，并苦苦哀求饶恕从轻处罚。

事后有人问县官是如何正确判断的，他笑笑说："我记得十六日夜晚至十七日，天下大雨。在这样的天气，一般来说，发生盗窃的次数很少。当时我到现场一看，发现那条桌对着屋上的孔洞，桌上无潮湿淋雨的痕迹，而桌子和抽屉却有移动的痕迹，这些都和店伙计说的不一致，加之近来赌博成风，因此我就怀疑他们是聚集赌博，输钱后无法交账，故意谎报失窃，欺骗别人。后来我趁其不备，找货店的小书童探问情况，果然事实与我的判断完全一致。"

第二节　巧断奇案

■ 直谏皇帝：张释之执法公正

汉文帝的车驾，经过中谓桥的时候，忽然有人从桥下跑了出来，使文帝所乘车的马受惊。于是文帝令骑兵拘捕了此人，交给廷尉处理。廷尉张释之审问了他。这人说："我是外地人，来到此地，听见皇上车队驾到，就到桥下躲避。等了很久，以为车驾已经过去，就走出来，看见车马正在通过，就立即奔跑逃避。"张释之据此上奏对此案的判决："此人犯跸，依照法律规定，当罚金。"文帝听了很生气地说："这个人使我的马受惊，幸亏我这匹马生性温驯，如果是另一匹马，岂不要使我受到伤害了吗？如今廷尉竟只判他罚金！"张释之回答说："法律是皇上与天下百姓共同遵守的啊！法律如此规定，而今却要更改，并加重对他的处罚，这样法律就不能使人信守了。如果当他犯跸的时候，皇上派人把他当场杀了，那其他人也没有办法。如今你已经交付给廷尉，廷尉是公平执掌法律的最高长官，在执法上如果有一点偏差，今后全国上下在适用法律上都会畸轻畸重，人民就不知怎样才叫遵守法律尊严，以后不

▲ 张释之

知该怎么做才对。希望皇上仔细考虑。"汉文帝沉默了很久，终于说道："廷尉的观点和裁判是正确的。"

另外，有个人偷走了汉高祖庙里御座前的玉环，被抓到后，汉文帝很生气，交付廷尉张释之审理此案。张释之按照盗窃宗庙器具和皇帝用物的法律，判处斩首弃尸街头示众的刑罚，并据此奏明皇上。文帝听后大发雷霆，说："这个犯人真是无法无天，大逆不道，竟敢偷盗先皇帝庙里的器物！我把他交付廷尉处理，原意要你判处他夷灭三族的刑罚，而你却按照一般的法律处理来奏报，这不合我恭敬承奉宗庙的本意！"张释之摘下帽子，磕头请罪说："按照法律规定，判他弃市刑已到顶点了。再说，犯罪，应根据犯罪程度、情节轻重的标准来量刑。现在他盗窃宗庙器具而要判处他夷灭三族刑，那是轻罪重判，因为他的罪只抵得上所要加给他的刑罚的万分之一，假若有人私取汉高祖皇帝刘邦陵墓上的一把土，皇上又将用什么更重的刑罚来惩治他呢？"汉文帝与太后商议了这件案子后，就同意了张释之的判决，认为其判决是正确的。

■ 仗义执言：丑霸王倚势逼婚

宋真宗时期，山西正平县人薛奎初任山西隰州军事推官时，处理过一起恶人逼亲的案子。

山西隰州某村女子张小翠，因在洞房刺杀亲夫，被解押到官府。那昏庸贪官不问青红皂白，便判"张小翠谋害亲夫，拟判死刑"，押入大牢。恰在此时，昏官调走。真宗景德元年开科取士，薛奎进士及第，皇上派他到隰州任军事推官。军事推官除了处理军法案件外，还要兼管民间诉讼。薛奎上任所审理的第一个案子就是张小翠案。这案子已被前任判过，只是前任调走，还没来得及上报。薛大人到任后，先私访了几天，了解了一些情况，把这个案件先查访了个大概。

这天，薛推官传谕升堂，衙役三班站齐，他吩咐传张小翠和原告。张小翠和原告"丑霸王"周文彬都来到大堂。张小翠铁锁银铛，披头散发，虽面容憔悴，却颇有姿色。原告也跪在另一边，看他相貌，是一个干巴老头，满脸黑油麻子，嘴歪眼斜，长得三分像人七分像鬼，两眼还不住偷看张小翠。薛大人早已听说"丑霸王"这个名字，今日一见，果然人如其名。心想：你这老胡子丑鬼，还想霸占人家这如花似玉的姑娘，真是该死！但还是强压下去怒火。薛大人先问被告："你叫什么名字，多大年龄？"那女子答道："小女名叫张小翠，今年十九岁。""那你为何要谋害亲夫？"张小翠哭喊道："他不是我的亲夫，他是我家的仇人！我爹娘哥哥和我四口人，种了丑霸王的二亩三分地，每年交完租子所剩无几，仅够全家吃两三个月的。因此每年都欠他的租粮，日积月累利上滚利就欠下几百担。前几个月他去催租粮见到了我，眼直勾勾地死盯着我，临走时对我爹说：'没粮不要紧，不要忘了她。'丑霸王用手一指我。过了两天，一个媒婆来到我家，进门就先拿出二十两银子，说是丑霸王下的定礼，让我爹娘给我预备预备，过两天他派车来拉人。我爹一听就火了，将银子撒了一地，怒骂那丑霸王和媒婆，媒婆赶紧拾起银子匆匆跑了。谁知第三天早晨，县里的衙役来了，把我爹套上锁链带走了，还把我娘打了一顿。媒婆又来说道：'你们想明白点，小姑娘过去，给周老财生个一男半女的，你们全家都没事了。只要答应亲事，什么都好说。'为了放爹回来，我就答应了。天快黑的时候，我爹给放回来了，他一听这事，气得直跺脚，嘴里直骂'我的闺女不能给那丑鬼当四房'。我说：'等他把字据送过来，我过去有办法对付他，我不会给咱家丢脸！'第二天，丑霸王打发车来接我，同时把字据也交出来了。我哥请村里的教书先生当众念了一遍，上面写着所欠租子不要了，二亩三分地也归我家。我揣上剪子就跟车走了。深夜时，贺客都走了，只剩我和丑霸王，他上前来拉我，我握紧剪子，猛向他心口刺去，打算刺死他，然后我再自尽。可他手疾眼快，拨开我的剪子，剪子只划破了他的手。他跑出去，喊来人把我捆起来，送到县里，告我谋害亲夫。县里又把我押解到州里来，请求大老爷为我申冤。"薛大人又问原告姓名年龄等，丑霸王答道："小人叫周文彬，今年六十二岁，家中还有贱内和两个小妾。"又问："没有儿女吗？"答道："三房俱无所出。"薛大人冷笑一声，说道："你要果真有儿，生下来的孙女恐怕也比张小翠还大。老不要脸的东西，你还告状吗？"丑霸王答道："我是用钱粮买的，不是绑架！"薛大人说："你可有官方文书做证？"丑霸王说："没有。"又问："你可有卖身契约？"又答："没有。"薛推官拍案怒喝道："你什么凭证都没有，分明是仗势欺人，给我重打五十大板。"只见衙役摁倒丑霸王，抡开板子，狠打起来。打得他鲜血淋漓，直喊爹妈。五十大板打完，丑霸王已趴在地上起不来了，嘴里喊着"老爷饶命"。薛大人问道："周文彬，你还告不告状？"丑霸王有气无力地说："不告了，不告了！欠租和地也不要了。"

最后，薛大人让书吏录好口供，叫丑霸王画押。然后通知丑霸王家人将其抬走。那些在外听审的乡民都称赞薛大人是"薛青天"。

■ 代人受过：和尚碰巧入狱

向敏中丞相在西京任留守大员的时候，遇上这么一件事：一次，有个和尚路过一个村庄，见天色已晚，就到一户人家求宿，主人不答应，和尚便要求躺在门外一辆车子的车箱中，主人也就答应了。当晚半夜，有贼溜进这户人家，不一会儿，贼人挟持着一个妇人和装满衣物的包袱，翻墙而去。和尚还没有睡着，正好看见这一情景。

他想："我要求借宿，主人不肯接待，而自己还硬要在这车厢内过夜，明天主人家发现失窃，必定要怀疑是我而抓我去县衙呀，得马上就离开。"于是趁天还未亮就悄悄起身离开。他不敢走原来的大路，摸黑奔走在荒草野地之中。急走间，和尚忽然脚底踩空掉到一眼枯井中。而那个随贼人翻墙出来的妇人已经被人所杀，尸体也就扔在这个枯井里。和尚掉到井里后，衣服沾上了尸体的血迹，爬又爬不上来。天亮，主人追踪到这里，就把和尚捕获送到县衙。

和尚有口说不清，受不了严刑拷打，就被迫交代说："我与那女人有奸情，拐带她一起逃走，又怕事情败露，所以把她杀了。我把她的尸首扔到井里，由于天黑，不小心自己也失足掉了下去。偷来的赃物和杀人刀具都放在井边，不知被谁拿走了。"此案也就这样审定，案卷送到洛阳河南府，审判人员都深信不疑，认为证据扎实。唯有向敏中认为赃物和凶器没有找到，对案情仍有怀疑。便多次亲自提审那和尚，和尚只是认罪说："是我前世欠下了这条人命，现在无话可说。"向敏中坚持要和尚讲实话，和尚才把那天晚上发生的事一五一十地讲了出来。于是，向敏中秘密派出公差去查访凶手。

一天，公差在案发附近乡村酒店吃饭，店中老太婆听说他是从洛阳河南府来的，但不知他是公差，就问："和尚与枯井女尸的那个案子如何了？"公差骗她说："昨天，和尚已被答死在街市上了。"老太婆叹了口气说："如果现在把真凶抓到了会怎么办？"公差说："官府已错判此案，

▲ 松下悟道

和尚都处死了，现在就是把真凶抓到了，也不敢再追究了。"老太婆说："这样的话，那么真实情况说出来也没有什么关系了。"她接着说："那个妇人是这个村子里一个青年某甲杀害的。"公差问："那个青年在哪里？"老太婆便把他的家指给公差看，公差赶到那里逮捕了那个青年。经过审问，凶手服罪，并获取到了赃物。

这样，此案才真相大白，和尚得以释放，府中之人都敬佩向敏中料事如神，判案公正。

■ 亲爹说谎：诬儿不孝上公堂

清朝康熙年间，忠若虚在浙江余姚担任县令，政绩卓著，声望很高。一天傍晚，有一个老头将其儿子扭送见官，指控他大逆不道，不孝顺父母。县令立即提讯。原来父子俩都是鞋匠。父亲诉说儿子整天游手好闲、不务正业，而且总是恶习不改，以致家里缺钱少米、揭不开锅。县令听完老人的陈述后又问儿子，其子沉默无语，未言一句父过。县令沉思了片刻，慢条斯理地问道："你们父子俩都没吃晚饭吧？"接着让差役从里面拿出四百文钱，给每人各半，说："你俩先去吃饭，吃完后再来等候审理。"父子俩不明白县令是何用意，肚子早就饿得咕咕直叫，拿了钱就向街上走去。

过了一会，县令继续升堂问案。这时父子俩在堂下已等候多时，县令先讯问那父亲："你吃了饭没有？""谢大人的恩赏，我已经吃过饭了。"那老人答道。县令又问："二百文钱还剩下多少？"那老人解释道："还余三十来钱，因为我吃饭又吃菜，饭吃一盘够了，菜多吃了些。"县令心想，饭菜再贵也不值一百七十文钱，一定是老头胡乱花掉了。于是他用怀疑而严厉的眼光望着老人，继续追问。老人见此情景只得低头说："实不瞒大人，小人有个癖好，饭后又去抽了一袋鸦片烟,所以花了不少钱。"县令命令他退到一旁,又传讯其子共花了多少钱?那儿子问答说:"仅用去三十文,还余下一百七十钱。"县令故意问道:"为何这样节省?是不是不敢吃饱?"那儿子解释说:"我不能吃得太多,晚饭后又不做活,过饱也无用。"县令听完此言深知其尚能勤俭持家,并非骄奢淫逸之徒。接着他以规劝的口吻对那老人说:"你和你儿子的情况我都清楚了。凡是抽鸦片烟的人一定是懒人,虽然有了手艺,实际上和游手好闲一样。家中只靠你儿子一人做事收入不多,当然满足不了你的奢望。这并非你儿子不孝,而是你的恶习所造成的。今天你来控告儿子大逆不道,这就是你的过错了!"老人自知理亏,解释说:"不得已我才来控告的。"县令继续规劝并开导他:"凡游荡者肯定会花费钱,今天你儿子吃一餐饭只用了三十文,而你却用了一百七十文,可见你平时耗费之大。你儿子只是一个鞋匠,终日辛劳也满足不了你的要求,你欺骗本大人说儿子不孝,可你自己却抽鸦片烟,这是有罪的。你儿子是一个孝子,在此种情况下都不言及你的过失,是多么的难得呀!难道你还不应该珍惜吗。今天,在你儿子面前,本大人不忍用刑,你回去后要好好想想,父子间要和睦相处,安分守己,勤俭持家,做一个善良的百姓!"

县令的话句句在理,加上他的循循善诱,使那老人感动得抱着儿子哭泣不止,叩头拜谢而去。

 **拓展阅读**

李崇辨真假父母

北魏世宗皇武年间,李崇任扬州刺史。他为官清廉,颇能断案,当地百姓十分拥戴。

一日，寿春县有个叫苟泰的农夫前来报案，称三年前一岁的儿子走失，到处托人查找，一直没有找到。昨日到镇上卖柴，在一茶庄发现了儿子，请求官府帮助找回自己的孩子。李崇吩咐手下立即将茶庄店主赵奉伯和那个孩子带到官府。

不久，店主和孩子一起带到。李崇喝令升堂，问苟泰："你说这个孩子是你的儿子，你可有什么证据？"

苟泰回答："小儿右手腕处有个黑痣，右臀有块红痣，算来今年四岁零三个月了。"李崇吩咐手下查验，果然属实。

李崇厉声喝问赵奉伯："为何拐藏他人孩子？快快招来，免得皮肉受苦。"

赵奉伯忙说："老爷，这孩子确系我的亲儿，邻居都会做证。"

李崇吩咐手下前去打听，果然街邻们都说是店主的儿子。李崇见一时难以判断，就让手下暂时扣下那个男孩，两家都不能与他见面，以后再审。

过了十天，李崇派人分别到苟泰和赵奉伯家通知：那个男孩在官府突发奇病，不治身亡，请前去收尸。

苟泰听说刚有下落的儿子死亡，号啕大哭，急忙和妻子赶到官府收尸。赵奉伯听说男孩已死，脸色阴阴地说："死了算了，死了算了。"竟没有去官府收尸。

李崇吩咐手下将赵奉伯捉拿到官府，立即升堂，喝道："大胆刁民，拐骗他人婴儿，胆敢蒙骗本官，快快说来，饶你不死。"

赵奉伯扑通一声跪在堂下："小人知罪。三年前，小人的儿子暴病身死，没等声张，正好捡到了苟泰的儿子，小人就认作自己的儿子喂养。初时小儿啼哭，后来就随了我家。"

李崇说道："姑念你尚能善待幼儿，饶你不死。棒打一百，赶出集镇，不得开店。"衙役们一拥而上，直打得赵奉伯皮开肉绽。

苟泰得了儿子，一个劲儿地叩头道谢，带着儿子回家去了。

第五章
事无巨细——平民纠纷

　　无论古今，老百姓在日常生活中总是会遇到各种各样的纠纷，或者因为鸡鸭被盗，或者因为想多占一亩三分地。这些发生在普通百姓家的小事，在衙门官员眼中也许不算什么，然而，在当事人看来，或许就是影响生活的大事。

第一节　化解纠纷

■ 为民服务：小案巧审保民安

苏州府管辖的某县县令葛越楚，举人出身，审理案件很有办法，有断案如神的美称。他刚到任不久，便遇到了这样一个案子。

一个靠纺线织布为生的老妇人，进城去购买棉花。她背了一个筐子，里面装了她仅有的一千二百文钱。半路上，她上厕所小便，将筐子放在门外，这时正巧来了一个坏人，将其筐子给抢去了。老妇人边哭边诉说道："这点钱是我全家过活的本钱，现在让这个坏蛋给抢走了，我全家今后怎么活啊！"最后，她抱着一线希望，到县衙击鼓鸣冤。葛公听到有人喊冤，于是马上升堂。问清了缘由，葛公问那老妇人："坏蛋抢你的钱时，是否有其他人在场？"老妇人说："没有人在场。""厕所附近有什么东西？"老妇人答："有块条石，别不见它物。"葛公思考了一番说："好！"于是马上命令差役跟随老妇人到那厕所，把那块条石抬来。当天在衙门外张贴告示，说是第二天县官要审问条石。这张告示一贴出去，全城为之震动。第二天，全城的人都来观看审条石，把县衙里外挤得水泄不通。

葛公开始升堂之后，立即命令差役把衙门大门关闭，并且先对被关在县衙内的围观者们说："这里是官府处理政务的所在，不是游览参观的场所,现在你们无故闯入县衙,本应用刑,姑念尔等无知,现在宣布每人罚钱一文,然后放你们出衙。"众人一听,觉得所罚甚微,于是每人都拿出一文钱来,而后被放了出去。最后一计算,罚款竟达八千文之多。于是统统送给了那个老妇人,老妇人对此感恩不尽。这样,算是暂时结了此案。事后葛公对人讲:"大家笑我审问条石太愚蠢,但是没有看到这位老妇人确实十分贫寒,如果等着破了案再给她追钱,势必断了她家生计,轻则她家生活难为,重则会出人命。现在我以此法于众人之中给她征集点钱,对大众来说所损无几,而对她来说却帮了大忙。何况她得到的比失去的要多,众人拾柴火焰高嘛!既不损害百姓,又能保一方平安,何乐而不为。当然也不能让那种歹人逍遥法外,我们还得设法缉拿。"

过了些日子,又发生了一起案子,一粮店自称丢失了一个箩筐。店主看到对门杂货铺中有一个柳条箩筐,就让伙计去拿,结果发生了争执。此事告到葛公那里,葛公升堂问明情由后说:"一个柳条箩筐能值几何?它又没有记号,说是粮店的也可以,说是杂货铺里的也可以,现在为它惹得你们双方打官司,可是罪过在它,不在你们身上。我命令差役把箩筐打它二十大板!"大家一听,非常惊讶。但差役还是不得不打了那只箩筐二十板。打过之后,葛公亲自走下堂来查看,见用刑之地有不少芝麻粒。于是葛公回过头来问:"你们两家那家最近卖过芝麻?"杂货店的赶忙说:"前些日子我们店里卖过芝麻。"这么一说,粮店老板马上赶紧叩头求饶。葛公说:"你虚张声势,冒领别人的东西为己有,本应受到惩处。念你是个市井小民,冒认的东西也不重要,姑且从宽发落。但应该向杂货店的人赔礼道歉。"这样,顺利地了结了这件小小纠纷。

葛公自此以后,为全县的乡民称道,都称葛公为葛青天。

■ 委婉化导：县令巧释兄弟怨

　　清朝时，广东普宁县有兄弟二人，兄叫阿明，弟唤阿宝。少年时一起读书，成年后一起耕地，两人友爱亲善。后来，各娶妻子，分家异居。父亲死后，遗有田地七亩，兄弟互争，亲族调解不下，以致争讼到官府。县令姓蓝，名鼎元，接到他们的状子后，二话没说，先让他们申明各自理由。阿明说："这些田是父亲给我的。"并呈上父亲手书给蓝县令看，内有老人百年后，此田付与长孙之语。阿宝也说："这些田地是父亲给我的。"并有父亲临终遗嘱为凭。他们都眼巴巴地望着县令。

　　蓝县令一边听，一边看，一言不发。旁边一个幕友以为他还没想出对策，便悄悄地说："将他们各打三十大板，予以训诫，然后将田地均分即可。"蓝县令摇了摇头，仍然不语。过了一会儿，只见他生气地说："你们都有理，就是你父亲不对。应当把他的棺材挖出来劈开。"兄弟二人惊得哑口无言，只听蓝县令继续说道："为了田产这么点小事，你们兄弟竟告到官府，实在太可恶，我不能断这个案子。你们两个人各伸出一只脚来。绑在一起用夹棍夹，谁能忍耐不叫痛，田地就归谁。但不知你们哪只脚不怕痛，左脚还是右脚？我不勉强你们，各伸出一只不怕痛的脚来。"阿明、阿宝听了大惑不解。心想：都说蓝县令断案如神，看来纯属编造。这是什么判法？他们又都看了看自己的双脚，都不敢伸，二人齐声回答说："我们左右脚都会痛的。"

　　蓝县令哈哈一笑说："噫！这就奇怪了，你们两只脚竟没有一只不痛的吗？你们的身体就像你们父亲一样。你们看自己左脚就像你父亲看待阿明，看自己的右脚就像你父亲看待阿宝。你们有双脚尚不忍舍弃其中的一个，你们父亲有两子难道就肯舍弃一个吗？这个案子过两天再审。"他命令衙役拿一条铁链子,将阿明、阿宝锁上,并不许私开,遂宣布退堂。阿明、阿宝兄弟被锁在一条铁链上,就像一条绳上的蚂蚱谁也跑不了。不得已,只好行动一致:要坐就坐在一起,要吃饭一块吃,要睡觉只好并头而卧。行则同起,居则同止,大小便也同蹲、同立,时刻形影不离。蓝县令还派人侦察他们的举止行动、言谈神色,每天一报。起初两人互相怨恨,不相理睬,背靠背而坐。过了一两天,就渐渐地面对面了,又过了三四天,则互相对面叹息,不一会儿就交谈起来。没过多久,又一起吃起饭来。

　　蓝县令得报后,知道他们二人已有后悔之意,心中暗喜,遂问他们是否有儿子?二人回答说,各有两个儿子,或十四五,或十七八,年龄也不相上下。蓝县令又命将这四个儿子拘来,对阿明、阿宝说:"你们父亲不应该生你们兄弟二人,所以今天到了如此地步。如果只生你们其中一个,田宅皆为己有,何等快乐!现在你们非常不幸,又都有两个儿子,以后相互争夺,欲割欲杀,没完没了,我非常替你们忧虑。为了防患于未然,我先替你们采取预防措施:你们二人各留一子足矣。阿明是长子,留下长子,除去小的。阿宝是次子,就留次子,将长子除去。"又命令道:"将阿明次子、阿宝长子押送收容院,卖给乞丐头子做干儿子,收据存在案卷中。那乞丐家无田可争,今后也就不会产生兄弟相争的事情了。"阿明、阿宝皆叩头大哭说:"今后再也不敢了!"蓝县令问:"不敢什么?"阿明说:"我知罪了,愿将地让给弟弟,至死也不相争。"阿宝说:"我也不要了,愿让给兄长,终身无怨悔。"蓝县令又说:"你二人皆非真心,我不敢信。"兄弟二人连忙叩头说:"这是实话,如有悔心,天上打雷劈死我们。"听了这话,蓝县令点了点头,微笑着说:"你们二人皆有此心,但你们的妻子未必同意,你们暂且回去与老婆商量,三天后再来作定论。"

▲ 古代大家族生活场景

三天后，阿明的妻子郭氏，阿宝的妻子林氏，邀请其族长陈德俊、陈朝父来到公堂要求息讼。她们妯娌俩互相扶携，伏在地上泪流满面地请求："自今以后，永相和好，皆不爱田。"阿明、阿宝也都哭着说："我兄弟愚蠢，不知义理，致使大老爷费心。今如梦初醒，惭愧欲绝，悔之晚矣。我兄弟皆不愿得此田，请求施舍给佛寺长老，行吗？"蓝县令大怒，骂道："混账东西，不孝至极，竟然说得出施舍给和尚的话，应用大板将你们打死！你们父亲流血流汗，创下这点产业，你兄弟二人鹬蚌相争，使秃和尚坐收渔翁之利。你们父亲在九泉之下能瞑目吗？做兄长的应当让给弟弟，做弟弟的应当让给兄长，彼此让不下则应还给你父亲。现在把这田产作为典祭你父亲的资财，兄弟俩每年轮流收租备祭，子孙世世永无争端。这叫作一举多得。"于是族长陈德俊、陈朝父皆叩头称好，阿明、阿宝、郭氏、林氏都欢欣感激，当场再三拜谢而去。从此，兄弟妯娌相亲相善，再无反目。

■ 告祭祖先：两家争坟三十年

清道光二十五年（公元1845年）夏，张静山擢任新发（今广东深圳一带）知府。刚刚到任，府门前就来了告状者，两户人家为争一处坟山相互控诉。张静山接过诉案的文牍仔细阅读，发现这两户人家从嘉庆十九年（公元1814年）就开始为这坟山而打官司，迄今已三十多年了。

张静山诧异地问书吏："这件案子为何这么长时间还不能判结？"

书吏答道:"多年来,每当一个新知府来此上任,这两家照例来府互控一番。但是,由于两家都没有任何文书契据作凭证,因此历任知府都无从判决,一直拖到现在。"

张静山生气地说:"岂有此理!天下哪有三十多年还不能了结的案子?你马上传谕争讼的两家,五天以后,我要亲临坟山,验看决断,叫他们届时前往,听候判决。"

判决这一天,张静山带着随员来到坟山。

争讼两家的当事人也都到场了。一个是名门望族的子弟,服饰华丽,容貌秀气。据随员介绍:他已交钱准备候选郡丞(郡中官名,辅佐太守)。另一个是已入学的老生员,年纪约七十岁,衣饰寒酸。附近百姓闻讯,也都赶来一睹为快。

张静山对诉讼双方当事人说道:"你们两家为祖宗坟地诉讼多年,坚持不懈,孝诚之心确实可嘉。但是,三十多年来,你们都只顾争讼,千方百计阻挠对方来此祭祖,你们于心何忍!"两个当事人立即伏地,连连叩头,恳请恕罪。

张静山又说道:"看了你们的诉状和旧牍,双方各执一词,似乎都有点道理。遗憾的是,双方都拿不出真凭实据来,因此,无法判决。但是,我想,凡天下争讼之事,其中总有一方是对的,一方是错的;一方是真的,而另一方是假的。你们的诉讼也是这样。为了辨明你们两家的是非真伪,昨晚我特意求神灵为我示梦。现在,我已知晓坟山的真正主人是谁。待今日宣判之后,只有该主人的子孙才准登山祭祖,非其子孙者,不得再登山过问。你们两人都是祖宗的孝子贤孙,为能祭祖,争讼多年,劳苦奔波,我对你们深表同情。现在,在我宣判之前,你们两人不管是该坟祖宗的真子孙,还是假子孙,都应该在此向祖宗告别一番。今后,你们两人再也不可能一块儿到此山上来了。你们觉得如何？"

两个叩头道："听从知府命令。"

张静山做了两个阄，分别写上"先""后"两字，让两人抓了，结果老生员抓了个"先"字，由他先行别祖之礼。

老生员勉强地整了一下破旧的衣冠，往前走了几步，跪在地上，草草地叩了三下头，站起身来干哭了一阵，矫揉造作，忸怩作态，口中喃喃自语，谁也听不清他说的是什么。

张静山笑着转身对望族子弟说道："生员已经向祖墓告别过了，现在轮到你了。"

望族子弟听了知府的话，还没等迈步，眼泪已经扑簌簌地流了下来。

他跌跌撞撞地走到墓前，一下子扑倒在地上，痛哭失声地说道："……先祖有灵，子孙为您打官司这么多年，辛劳困苦，在所不辞，只求能让您在阴间平安。今日，知府祈神得梦，即将宣示，一言既出，立定乾坤。我不知道他这一梦示是真是假，是曲是直，万一所梦不实，这块坟山就要改宗换姓了。做子孙的从此不再也不能到这儿来祭祖拜墓了……呜呜……"说到这儿他已泣不成声，一下倒在地上，昏厥过去了。

在旁边围观的人们，见此情景，无不唏嘘叹息。

这时，张静山笑着对大家说："刚才两人告别祖墓的情况，大家都看见了，谁真谁假，孰是孰非，你们都能一目了然了吧。还需要我再来宣布一遍吗？"

众人七嘴八舌地说道："那望族子弟可真是个孝子啊！""是啊，看他那情真意切的样子，没有半点虚假！""这老家伙真会装相！""一看就知道祭的不是他的祖宗！"

张静山命令属吏扶起望族子弟，亲切地安慰勉励了他一番。老生员站在一旁，汗流浃背，连声认罪。

争讼三十多年的积案终于真相大白，一举了结了。

■ 迎亲逢雨：抬错花轿判对郎

广东省阳春县陈氏子，自幼聘定徐家女为妻。陈徐两家都是当地财主，资财颇丰。后陈氏子突然得了天花，落下一脸麻子，眼睛暴突，而且腰弯驼背。而徐家女长大，姿色柔美，娇艳妩媚，如画中美女一般。

邻乡韦氏子聘定郑家女为妻。韦郑两家都是书香门第，世代都以教书为业。韦氏子清秀俊雅，聪明过人。而郑家女却长得青唇黑脸，实在难讨男孩子们的喜爱。

乾隆十七年二月十五，是个大吉的日子，陈、韦两家碰巧都选定这天给儿子完婚。两家迎亲花轿正好在途中相遇，一前一后同时行走。农村娶亲的花轿不论贫富模样大都一样，难以区分。这天，天公不作美，黑云密布、风雨大作，为避雨，轿夫们只好将迎亲花轿抬进一所破庙，待雨停再行。大约过了两个时辰，风雨渐小，但时已黄昏，路途难辨。大家匆忙抬起花轿分路登程，初更过后才到陈家。陈家吹吹打打，热闹非常，忽然，风雨越来越大，堂中灯烛都被吹灭，所以婚礼草草结束，即把新娘送入洞房。陈氏子自惭形秽，匆忙上床，用被子蒙头，不让新娘看见。新娘也怕新郎观看自己的容颜，用袖子遮住脸部，偷偷地就枕躺下。陈氏子早就知道妻子美丽，一旦偎倚相亲，犹如获得仙女一般，急不可耐，遂成夫妻之乐。

▲ 古代婚房

次日天明,郑女起床梳妆,看到屋内摆设,富丽堂皇,心中甚是高兴。陈氏子见日上东山,也只得穿衣起床。二人互相一看,都大吃一惊。陈氏子急忙叫来伴娘询问,伴娘也不认识新娘是谁。这才发现在破庙避雨时,两家将花轿抬错。

韦家贫穷,门庭冷落。洞房花烛之下,徐女见新郎俊秀文雅,韦氏子见新娘光艳照人,双方都很吃惊。因为跟平时听说的长相完全不同,韦氏子急忙告诉母亲,经询问,才知新娘乃是徐家之女。他说:"女家富有,自家贫穷,门不当户不对,不宜成亲。"便让母亲陪伴徐女,自己到亲友家闲聊,直到天亮才回。徐郑两家听说抬错花轿,迅速赶到男家。徐母问女儿何去何从?徐女说:"天老爷有意安排,我能违抗吗?"郑母至陈家,见女儿嫁给富门,喜上眉梢。而陈氏子因美妻换成了丑妇,不胜愤慨,口出怨言。郑母说:"你与小女,可说是相当匹配。这是前世姻缘,有什么不满意的?"陈氏子以为郑母讥笑自己,更加气愤,便向官府起诉。

知县叶世度经过审理得知:陈子、郑女业已成婚,反悔大不应该;韦氏子,避嫌离开洞房,礼义可嘉。于是提笔作出判决如下:"韦郎能守礼法,坐等天明;陈氏子已成婚配,兴讼无理。雨神引线,风神为媒,此乃上天撮合,凡人岂能违拗……双方要安于现状,美丑各得其所,婚配也相当合宜。嫁妆陪送,各归原主,由女方家长讨回,送到女婿家中。速速办理,不得有误。"判词传出,到处传颂。陈氏子愧悔欲死,郑女怨天尤人。徐女妆奁陪送丰厚,韦氏家境大有改观。夫妻恩爱、婆媳和睦,日子过得非常美满。

■ 因爱放手:兄嫂争子太荒唐

西汉时,颖川(今河南省禹州市)有一富户,兄弟两人先后都有了妻室但尚未分家。

那年，妯娌二人同时怀孕，都盼望自己生个儿子，好继承家业。几个月后，嫂子不慎小产。夫妇商量，决意瞒着不说，继续装着怀孕的样子，人们谁也没怀疑。

又过了几个月，这天弟媳临盆，产下一男婴。同时，嫂子也在房中传出话来，说她也生了男孩，说要和弟媳的婴儿比比谁的孩子重、谁的皮肤嫩，叫丈夫将弟媳的孩子抱进自己房中看看。谁知，弟媳生的孩子被抱进嫂子房间以后，嫂子就咬定这是她生的，再也不肯归还了。两房争论不休，兄弟间也从此不和，吵了三年也没解决。这案子后来告到州府。

郡守黄霸（阳夏人，官至丞相，封为建成侯）接到诉状，沉吟良久。他明白这件事发生在家庭内部，取证很难，否则这案子也不会拖延到现在。怎样破这个疑案呢？黄霸屏退众人，在内室踱步，苦思了一阵，终于想出了一个简便易行的办法。

第二天，黄霸开堂审案，他命人传来兄妇、弟妇和那孩子，先依正常的步骤作了案情调查和记录，然后令兄妇把幼儿交给小吏，叫小吏把小孩抱到大堂外的庭院中，放在地上，然后黄霸又带着两妇和众吏来到院中。

黄霸对这两个妇人说："你们两人不是一直在争抢这个孩子吗？从家里闹到县里，从县里又闹到郡里，闹得上上下下不得安宁。这毕竟是你们家庭内部的事，还是由你们自己来了断吧。喏，孩子放在那里，今天本官

▲ 古代儿童玩耍

做主，由你们自己抢吧，谁先抢到手，这个孩子就是谁的。"

这两个妇人一听，愣了；众官吏也很是吃惊：哪有这样断案的？黄霸却不理人们的疑问，又说了一遍。两妇人这才明白过来，都赶紧上前去抢抱孩子，小孩一下子哭了起来。

拉扯之中，小孩大哭了起来，且喊叫道："疼，妈妈，疼，呜……"

弟妇想要回自己的儿子，但一听儿子的哭叫声心里锥刺般难受，就先软了手，只是用了三四分力气。官吏中也有人不忍目睹此景，跪谏于黄霸道："大人，抢孩子不是办法，会弄出人命的，不如宽限几日，让我们多方设法取证吧。"

黄霸对那人摆摆手，示意他静待片刻。

这时，小孩哭得更伤心了。

弟妇怕伤着孩子，想要放手，又担心放手后从此要不回儿子了，内心矛盾痛苦，神情凄怆，泪流满面。最后还是抵不住怜子之心，先放了手。

兄妇的劲儿却是越来越大，到后来几乎是拖着他们娘儿俩在场上转圈子，弟妇一放手，她便一把将孩子夺了过去，也不对孩子安抚一下，就咧开嘴对黄霸大声地喊："大人，孩子是我的了！"

只见黄霸脸色一变，大喝一声："放手！这孩子应是弟媳的，现在我郑重地宣布孩子判给她！"

兄妇还想耍赖，叫道："大人，冤枉！小孩是我的呀！再说，你刚才说得好好的，谁先抢到手算谁的，现在怎么变了卦？"

黄霸说："刚才抢小孩时，大家都看到了，你拼命地拉扯，丝毫不担心伤害孩子，你有一点母亲对亲生儿子的怜爱之情吗？没有！而你那弟媳，因为心疼孩子，并不强行拉扯，最后为保全孩子，竟放了手，谁是这孩子真正的母亲还不清楚吗！"

他又手指兄妇，喝斥道："你贪家财，一心想得到小孩，竟不惜动用抢的手段，还欺瞒官长，真是伤风败俗，还不快快服罪！"

兄妇见抵赖不过，只得叩首认罪。黄霸命人对她施以杖刑，训诫她以后不许再胡作非为。

弟妇抱着孩子满心欢喜地回了家，一桩拖延多年的争子案终于得到圆满的解决。

第五章 事无巨细——平民纠纷

第二节　惩戒恶人

■ 受恩不报：贪图细涓泯良心

西汉时，一天，临淮府（治所在今江苏省盱眙县）乡间的某甲，携着一匹细绢到集上去出售。走到半路，天气骤变，竟淅淅沥沥地下起雨来了，旷野中前后又都没有避雨处所。他冒雨走了一阵，见天上雨云仍浓，眼看无转晴希望，身体又被雨淋了冷得受不住，只好把细绢抖开，折叠起来披在身上挡雨御寒，一面又继续往前走。

走着，走着，后面有个某乙赶来，气喘吁吁地向某甲求情道："老兄，行个方便，你这绢也让我披一下吧，我被冻得实在受不住了！"

某甲见他被淋得可怜，就将绢的另一头递给了他。两人一面走还一面谈，原来某乙也是去赶集的。

两人快走到集市时，雨点也住了。某甲正要收绢，某乙却拉着不放，也要收绢。某乙还气势汹汹地说道："你这人太没良心了，我让你披着避雨，你反倒认为这绢是你的，快放手！"

某甲气得脸都变白了，拉住绢头反驳道："是你不讲道理！明明我在半路上让你合着遮雨的，怎么反说这绢是你的呢！一起见官去！"

两人吵吵嚷嚷来到临淮府，正值太守薛宣坐堂理事。

薛宣问二人："这绢有什么记号没有？"

二人都回话："没有。"

薛宣道："一匹绢能值多少钱，为这点小事也来打官司，真是胡闹！既然都没有，只好一剪两段，各人一半！"

当即命差役将绢截成两段，叫各人各拿一段。

两人不好再争，就一同退出府门。

薛宣又对一个衙役耳语了一会，衙役立即也出去了。

不久，衙役又带甲乙两人回来，回禀薛宣道："我追上了他们，只听得那乙边走边赞老爷贤明，案子断得两不吃亏。那甲则嘀咕老爷曲直不分，只是当和事佬，平白让他损失了半匹绢，这叫什么清官？"

薛宣问乙是不是这样说的。乙以为自己在称道太守，太守心里必定高兴，就连声说："是的，是这样说的。"又问甲，甲只是低头不语，显得很害怕，以为自己说了太守的不是，太守生气，又得挨太守的罚。

薛宣笑笑说："乙凭空得了半匹绢，当然要说我的好话了。甲做了好事反丢了半匹绢，当然要骂我糊涂不清。"

随即命令乙把那半匹绢还给甲，并责打乙五十大板，惩戒他不该受恩不报，反而赖人家的细绢。

■ 一鸡之争：伙计戏弄乡下人

一天苏州城郊一农民背着一笼鸡进城叫卖，熟肉店浦五房里的一个伙计叫该农民将鸡背过来给他看看，因为价格谈不妥，便没有买成。该农夫清点鸡后，却发现少了一只，便就向该伙计索要。该伙计不承认是他的责任，双方便争吵了起来。因浦五房这家熟肉店是几百年的老店，邻居们出来都指责卖鸡的农民说："这堂堂的大店有什么必要赖你一只鸡？哪有要你一只鸡的可能！"该农民急切地说："如果这些鸡都是我的，即使少了一只，也没有什么关系。而这些鸡都是邻居们托我来代卖的呀，并且丢失的是哪一只，我又辨不出是谁家托卖的，回去又不好赔偿，所以我不得不争呀！"这样双方吵闹不停，旁观的人也越来越多。

正在这时，巡抚丁日昌车驾经过，该农民急忙上前拦驾喊冤。丁巡抚查询了事情经过后，也责怪该农民所告不实。该农民更加大叫冤屈，就靠在墙上伤心地哭泣起来。不久，元和县县令的车驾也正好经过这里，该农民又上前拦车喊冤，县令听后即传那个伙计到车前问询。这伙计指着农民答道："他刚才也在丁大人面前喊冤叫屈，已被丁大人责退了。况且与他论价的我，只是店里的伙计，即使赖他一只鸡，也只是归店主而已，我一个伙计又不能携带回家，对我又有什么好处呢？店主人是个大财主，怎么会贪图他一只鸡？我也不必以此来讨好店主呀！"县令听后说道："你真会说话啊，但是你所说的还不足以使我信服。你店中有多少只鸡？"伙计答道："不知道，随时买，随时养，也随时拿出来杀。怎么还记得鸡的只数？"县令又问："你店今天买进鸡了吗？"答道："没有。"又问："昨天呢？"答："也没买，现在存有的都是三天前买来的。"县令听后立即命差役把熟肉店内所有的鸡全部搜集齐，不许遗漏一只全部带回县衙，并令这个伙计与这个乡下农民一同前往县衙。并公开告诉大家："我要审讯这群鸡！"这样尾随围观的市民也像流水一样涌向县衙，围观的人窃窃私语，议论这位县官真是多事。

一会儿，县令升堂，他先传讯伙计。问道："你店平常用什么食物喂鸡？"回答说："稻谷、米和糠秕。"他又问乡下农民说："你们乡下人又是用什么东西喂鸡呢？"答道："我们一般不喂养，只是把它们放到野外，让它们自己寻找食物。"县令听后立即叫差役把双方所带来的鸡都杀了，剖开鸡肚查看。结果，农民的鸡肫内都是沙石、青草之物；而浦五房所养的鸡肫内都是糠秕一类的食物，唯独有一只鸡肫内是沙石青草。县令看看这伙计说："怎么样！你的答话很巧妙，而我居住此地很久了，未上任时，我就同苏州人住在一起，熟知苏州人的轻薄。你本来不是贪图一只鸡，但是因为卖鸡人是乡下人，你有意要戏弄他，把他作为取笑的对象，这是你们苏州人轻薄的本性使你这样做的，这绝骗不了我啊。开头，这位农民老兄到我面前喊冤，我问你，而你不分辨是非，却说丁大人已经斥责他了。这是想用丁大人的名誉来压制我，这也是你的为人伎俩啊！现在是非曲直已分辨清楚，我将同你一起去向丁大人请示。"于是他命令驾车押解原、被告，并拿着所剖开的鸡肫一起前往巡抚衙门向丁大人陈述事情的经过和始末。丁大人听了，又是惭愧，又是气愤，骂道："我竟被你们这些市侩欺骗！"

于是，他判决：责令浦五房偿还该农民鸡价，并且罚巨款充作慈善的经费，勒令浦五房熟肉店迁出苏州城，今后不准再回来。

■ 真假金猫：泼皮无赖诈老妪

清道光年间，江苏省宿迁县城附近住着一个寡妇吴张氏，年近七十，一生未育。丈夫吴海生前是远近闻名的铁匠，打得一手好刀，素有"吴家刀"之称。吴海去世后，给妻子留下了几十两银子的家产，张氏就靠这几十两银子放贷收息度日。

邻村有个泼皮无赖李山子，胡吹海谤、游手好闲，经常干些偷鸡摸狗的勾当，村人招惹不起。前几天，他向张氏借贷，张氏知道有借无还，没有借给他，李山子对此怀恨在心。

一天，他在村里散布说："我在村边挖土，从土里挖出了一只金猫，金猫有两斤多重，一身金光。"村民们知道他又在胡吹，没有理睬。李山子见村人不信，又找到村中老实巴交的谢发堂，让他出面证明，并一起联名上告，就说李山子挖出只金猫，砍去一只左爪，换了几十文铜钱，因曾借寡妇吴张氏银子一两，先放在她家，待还上借贷后再取回。昨日还钱收取金猫时,吴张氏拒不承认此事,将金猫据为己有。谢发堂不肯答应,李山子威胁他说:"如果你不答应,我就告你和吴张氏联合霸占了我的金猫,让你也吃官司。"谢发堂知道他是无赖,不敢得罪,只好同意。

第二天,李山子找人代写了一份状子,到宿迁县衙告状。宿迁知县胡中成年轻,刚上任不久,立即命令差役前去捉拿吴张氏。

不久,吴张氏被带到,胡知县立即吩咐差役们升堂问案。胡知县惊堂木一拍,大声问道:"大胆吴张氏,你藏匿李山子挖出的金猫,还不快快招来!"吴张氏回答:"知县老爷,李山子是个无赖,前日欺我是个寡妇,到我家借银子,我没有借给他,他恼羞成怒,用这种办法来陷害我,望老爷明察。"胡知县知道李山子是无端敲诈,但又找不到证据,只好暂时退堂。

回到家中,胡中成闷闷不乐,夫人王氏知道又是因为案子的事,就问:"今天又遇到什么难审理的案子?何不再去听听香玉有什么办法。"一句话提醒了胡知县,赶紧去把夫人的贴身侍女香玉唤来。

香玉是夫人王氏在娘家时的侍女,聪明伶俐,善于思考,一直跟随夫人左右,夫人视为心腹。老爷遇到疑难问题,经常向她求教。香玉听了老爷对案子的叙述,在胡知县耳边嘀咕了几句,胡中成脸上马上露出了喜色。

第二天,胡知县重新升堂,命令差役对吴张氏用刑。吴张氏年迈,吓得赶紧说:"金猫是我藏的,就在我的床底下。"胡中成立即派几个差役火速到吴张氏家搜查。

差役们很快回来,果真拿回一只金猫,差役头目将金猫交给胡知县。胡知县问李山子:"李山子,你仔细看看,这是你的金猫吗?"

李山子本来是无中生有胡说的,见真的搜出了金猫,又见金猫的爪子果真少了一只。就胡乱答应说:"老爷,这就是小人的金猫。"胡知县又问:"李山子,你看清楚了吗?"李山子马上回答:"千真万确，就是小人挖出的那只金猫。"

胡知县一拍惊堂木，大喊一声："大胆泼皮，你睁眼看看，你的金猫少的是左脚，这只金猫少的是右脚，这是你的金猫吗？"李山子无法抵赖，只得将敲诈吴张氏的罪行供了出来。

原来，香玉用面粉做了一只少了右爪子的猫，晒干后，外面用金粉涂抹，拿给李山子辨认。李山子不知是计，落入圈套。

■ 见财忘性：银圆一枚汤团案

清代光绪末年，浙江乌程县乡下有位老农叫汪性善，因女儿即将出嫁，特地带着一些银圆，起早赶往县城购办妆奁。

这汪老农一进城门便感到腹中饥饿，看见路边有间卖汤团的小点心店，于是走将进去吃碗汤团充饥，兜里一摸没有零星铜钱，便对店主说："因事入城，身上仅有银圆没有零钱，请老板先记个账，等一会儿就来奉还。"

店里见是个乡巴佬，就说："我店本小利微，又不认识你，难道给你白吃不成！"

汪老农是个诚实人，见店主不答应记账，就摸银币一圆作抵押，言明等会儿办完事就来结账。

岂料，这个店主是个贪财滑头，当汪老农办完事拿铜钱来赎银币时，他居然翻脸不认账，还口口声声地说："真怪，一碗汤团只值数十分，哪有用银圆来做抵押的傻瓜？"

汪性善被气得老泪横流，路人见他可怜，就介绍他去请教城里有名的讼师赵甲。

赵甲见汪性善老实巴交，很是同情，就对他说："这里是乌程县，你若打官司肯定输，如果遇到归安县的郑青天，才有打赢官司的希望。"

汪性善继续哀求赵甲指点。

赵甲又问："你愿不愿受鞭笞数十记？"汪性善点头依允，赵甲便对他如此这般地悄悄教导一番，直说得汪性善破涕为笑，赵甲又当场代汪书写一状纸。

听完教诲，汪性善火速赶往邻县归安城，静候在县衙门前。不多一会工夫，只听见仪卫喝道，正逢郑裕国县令打道回县衙，汪性善连忙冲上去，口中大呼"小民要告状！"郑县令看见有人胆敢冲撞仪卫，便喝令左右："拿下！"

汪性善大声叫道："小人是乌程人氏，大人乃归安县令，不应当责我！"

郑县令一听此言，忙说："天下官管天下百姓，事情犯在我手，岂能将你放过？"

说完，命令衙役将汪夹进大堂，责打二十板。打完之后，汪老农当堂将状子递上。

郑县令仔细一瞧，开口道："这件事出在乌程县，你应该到乌程县衙门呈控，不得跨界告状！"

汪老农反唇相讥说："大人刚才不是说，天下官管天下百姓吗！"

郑县令听到这话，笑着说道："哈哈，看来本官今朝中了你这老实人的圈套了，姑且为你审理此案。"

郑裕国县令正坐大堂，掷签将乌程县城里那位卖汤团的店主传来讯问。可是，这店主就是一百个不承认，连连口称："小的冤枉，请大人明鉴。"

郑县令见这店主拒不承认侵吞汪老汉银圆，也不硬逼，命令将店主暂留县衙候审。回到后堂，密令一名差役来到乌程县那爿卖汤团的小店，向店主之妻说："你丈夫已在公堂上招了供，如果快点将那枚银圆缴上去,便可免去一顿责打。"

店主妻不知有诈,立即慌张地说:"这个该死的,我原先就劝他不要干此昧良心的事,可他就是不听,如今弄成这副样子,真急人。"说完,就将那枚银圆拿出交给了差役。

银圆虽找回了一枚,但汪性善是否会诬告好人呢?郑县令在公堂上又设一计考察汪性善。对汪说:"看来,你的那枚银圆是在别处丢失的,他一再不承认,我这当官的也不能滥施刑罚,逼他屈打成招。好吧,不如本官偿还你一枚,免得冤枉了好人。"

汪老农见郑县令使出这一招,心中纳闷,坚决表示:"既然大人断不清此案,小人怎能不明不白地接受大人的恩赏,千万不能接受!"

这时,郑县令突然怒火中烧,厉声喝问道:"汪老汉,偿你银圆不接受,你到底想干什么?!"说完,随手掷下银圆两枚,其中夹着从店主之妻手中取回的一枚,叫汪老汉自择其一。

汪老农见郑县令动了肝火,惊讶异常,再往地上的两枚银圆一瞧,双眼突然一亮,用手指着其中一枚银圆连忙说道:"这枚银圆正是小人的,怎么会在这里呢?"

郑县令转首问道:"你有何凭记?"

汪老农回答说:"此银圆乃小女的聘金,上有双喜朱字,我一眼就认出是小民的原物。"

郑县令一听此言,连忙笑道:"哈,果真不错,这下可算是物归原主了。"

县令再将目光转向汤团店主,这时店主不住地用手打自己嘴巴,惶恐地说:"小人该死,小人有罪,悔不该贪这昧心财,干下这丢人现眼的事,恳请大人恕罪。"案情至此大白。

▲ 清代银圆

贪财的汤团店老板挨了二十大板释放回家，吃点皮肉之苦买了个教训。汪性善几费周折取回了被赖的一枚银圆，感激地到处诉说郑裕国县令的清正廉明。

■ 僧俗争地：张知县验笔破案

清朝乾隆四十九年八月的一天，古城南昌南边的一座小山附近，寺庙的一群僧人正在举行送葬仪式，个个都手执念珠，高诵佛号。就在死者刚入土，僧人正要回寺时，有个叫李云的人气喘吁吁地跑来，大声喊道："不准你们在这里下葬，这是我家的山地！"僧人一听，都愣住了。他们的目光都一齐转向新住持静一法师。

静一法师高诵一声佛号说："这是我们寺里买来的山地，不是施主的。"

只见李云怒容满面地说："秃驴！我也不与你啰唆。咱们去县里说清楚。"

静一和尚无奈，只好陪李云来到南昌县，击响了堂鼓。此时南昌的知县叫张治堂。张知县闻讯立即升堂，传令原、被告到堂对质。案子的起因很快查明：李家原有祖上遗留的山地二十多亩，虽未连成一片，但东西南北四至分明。李云以静一法师等人伪造田契、侵占山地，私自在此埋葬死者为由，要求县太爷查明情况，让静一法师退还山地。静一法师反驳说："此山地原为李家所有，这是事实。但李父早在雍正年间就将此地卖给其师祖了。在这里造坟墓，并非伪造田契、非法侵占。"静一法师并向张知县提供了一份田契。

张知县听完，立刻找到了此案的症结所在，就问李云："你父已将此山卖给静一师祖，还有什么可辩的？"

李云连忙分辩说道："根本没有此事。我父亲于乾隆三十三四年在前县主任内,曾因这块山地与邻居打过官司。当时画了山地四周界图,呈报在案。雍正帝在本朝之前。如果雍正年间山地确实卖给了静一师祖,图内不会没有注明吧?"

张知县再问静一法师,静一说:"这是很多年前买卖的事,对其中的详细过节我不清楚。我只知道根据田契管理地产。"

双方各执一词,争论不下,张知县当即决定,当堂调阅案卷查对。果然,前案界图四至内并未注明山地已经卖给静一师祖。这时,县衙内的一位幕友,悄悄地对张知县说:"据此可以断定静一等人伪造田契、侵占山地属实。"张用县摇了摇头说:"如果当时将此事遗漏了呢?"

张知县想到这里,又令静一提供田契的原始文本。文契拿来后,张知县一看是一张没有上税盖印的白契。文契上注明:时间在雍正十一年。但立契进行买卖,这是民间漏税常事,仍然不能断定田契的真伪。

接着,张知县又传问田契代笔人。但因其已死亡,只好由他的子侄到堂应审。对静一所执田契的真假无法评判。

事已至此,张知县觉得仍然无法下判,就再次审问静一法师:"你埋葬的是什么人?是不是你的师祖、师父?"

静一回答说:"我师祖与师父早就死了。师祖是师父埋葬的,师父是我们埋葬的。都埋在自家原来的坟地,现在埋葬的是我的师叔。"

"你的师父与师祖为什么不埋在这块山地呢?"张知县又问。

静一回答道:"以前我不知买有此山,今年无意中从存放经卷的箱子内捡得田契。另外,我们原来的山地也无法添葬,适值师叔病故,遂抬到此山上安葬。实没有伪造田契。"

听到这儿,张知县将惊堂木一拍,大声喝道:"民间买卖田地房产,首重代笔中人,其次凭已上税盖印的契约。此案原来的买卖双方均已去世,代笔中人也已故去。并且你仅凭50年前的一张白契,又说于你师祖、师父两代均已葬自山之后,你师叔将死之前忽于经卷箱内捡出,说是货真价实的田契,谁能相信!"

静一法师见势于已十分不利,只跪在堂下连连叩首,哑口无言。

张知县见状,心想:当堂以静一伪造田契非法侵占判决定案,一定能使其折服,绝不会冤枉了这个和尚。但从田契的笔迹来看,措辞用语,都很内行,也许代书是个专门教唆他人打官司的讼师。张知县想,不如将讼师也抓来一并追究。随即令静一招出伪造田契的人。

静一仍然口称冤枉,不招供。张知县大怒,传令衙役打静一的嘴巴并罚他长跪。等了一会儿,再问静一,仍然不招。张知县等得不耐烦,便去审理其他案子。每审完一个案子问静一一次。仍然不招,就下令再打一顿嘴巴,直到一连审完四件案子,打了50个嘴巴后,静一才开始含混地承认田契是自己伪造的。为防其日后翻供,张知县命其将情况照实写出,但与所供不符。又传令衙役动刑,静一见状急忙喊道:"我情愿退还山地不要了!"张知县认为若要就此结案,即使静一口服,心中也不服,时间已到深夜三更时分,下令将静一带出,待明日复审。

退堂后,张知县躺在床上,辗转翻侧,不能成寐。考虑与其审讯静一,不如首先取得代笔人亲笔书写的红契,红契在手,静一不能不招。事不宜迟,张知县想到这儿,便打开宅门,叫守门差役即于署前唤代笔人之子问话。这时天已四更将尽。待代笔人之子带到,张知县问:"你以何为生?你父在世时作何生意?你能写字吗?"

代笔人之子此时还似有睡意,对张知县的问话意图丈二和尚摸不着头脑,便跪在地下小声回答:"我以务农为业,从未读书。父亲在时当启蒙老师,经常为邻里作代笔中人。"

"你家有没有你父亲代笔的字迹?"张知县又问。

代笔人从之子说:"家中只有收取代笔谢资的账簿一本,代笔契纸本村人家甚多。"

张知县听了眼睛一亮,即令代笔人之子星夜赶取账簿,并向邻里讨取雍正十一年前后三四年内上税盖印的红契数张一同带来,并特别嘱其快去快回。张知县想:此举定可对出田契真假,即可查究那个唆使伪造田契的人,又可以使静一明白,打他的嘴巴并不冤枉,使其口服心服。

▲ 清代砚台

第二天上午,代笔人之子赶回来,送上取来的红契六张,账簿一本。仔细核对,却发现不但笔迹、花押,与静一所供白契相同,而且收记谢资的账簿内,记载着雍正十一年四月十七日连收三家谢资,第二家即是静一师祖的法名,并注明笔资银数。由此可见,静一师祖确实从李之父手中买过山地,静一所执田契并非伪造。这一发现是张知县所始料不及的。

张知县传令马上升堂定案:静一法师含冤受屈,所执白契是实。由于年代久远,李诬告不实,其情可恕。僧俗两家皆心服口服。

退堂后,张知县却闷闷不乐,深切自责、愧怍交集。他非常后悔自恃断案准确而擅自责罚静一。从此,办案益加谨慎。

拓展阅读

包公巧审废牛案

北宋时,安徽天长县城郊小羊村,有个农人叫刘全。一天,刘全从山坡放牛回来,见牛嘴里流血,行走气喘。仔细一看,牛舌头不知被谁割去了。刘全就去县城衙门告状。

当时包拯任该县知县,他看了状词,估计是刘全的仇人所为。就问道："你们邻里有人跟你有仇吗？"

刘全答："没有，但望知县做主。"

包拯暗一思忖，就令人拿来五百贯钱，交给刘全说："回去把那头牛宰了，把肉卖给街坊邻居，卖得的钱再加这五百贯钱，另买一头牛吧。"

刘全犹豫，不敢收，包公再次劝慰，刘全才收下钱，叩头作谢，回去了。

待刘全走后，包拯即派人到外面挂榜，上写："有捕得私宰耕牛者，赏钱三百串。"

再说刘全回家后，马上宰了牛，把肉卖给邻里。东邻一个名叫卜安的，见刘全宰牛，一把拉住说："县府衙门口张榜捕捉私宰牛者，你敢违令？"说着捆缚了刘全来见包拯。

包拯先让卜安退下，问刘全："昨天卜安到山坡上去过吗？"

刘全答道："我去牵牛时，看见他从坡上下来。"

"他过去同你有仇吗？"

"没有仇，只是前些时候，他要取蚕茧，向我借柴草，我没借给，他破口大骂。"

"他平时为人怎样？"

"很奸猾。"

包拯又召来村中里甲长询问，答的和刘全一样。于是将卜安提来审问，卜安拒不认罪。

包拯问："刘全牛舌被割，本为废牛，你为什么还要告他？"

卜安辩解说："小民不知牛舌被割。"

包拯怒道："刘全来告状，邻里谁人不晓？你是他东邻，岂有不知之理？分明是你干的，还想强辩？"说着，叫人拿出刑具："快快从实招来，免受苦楚！"

卜安怕受皮肉之苦，只好招出实情：原来他因刘全不肯借柴草，怀恨在心，见刘全牛在山坡吃草，周围没人，就偷偷地把牛舌割了。

审讯完毕，卜安被依法判处带枷监禁一个月。从此，包拯名声大振。

第六章
不寻常理——离奇冤案

在古代，因为没有现代发达的信息技术，所以要想追踪某人可谓大海捞针。而且，如若办案官员不能及时处理案件或仅凭主观臆断就判决案件，就会酿成各种冤案。本节主要讲述那些不能用常规思维分析的离奇冤案。

第一节　击鼓鸣冤

■ 秀才无辜：毒蛇致新妇丧命

唐代时期，狄仁杰任昌平县令时，明断了误中蛇毒奇案。

一日，狄仁杰升堂后，来了二人鸣冤，一个中年妇人，一个白发老者。狄公问道："你二人有何冤情？"那妇人说："小妇人姓李，娘家王氏，丈夫早逝，膝下有一女黎姑，今年十九岁，前天与华国祥之子文俊成婚，不想昨日忽然身亡，全身青肿，七窍流血，必为他人谋害。这位就是华国祥，请青天大老爷申冤。"说完放声大哭。

狄公又问那老者："你可是华国祥？"老者道："小的正是。前日我儿文俊成婚，宾客盈堂，好不热闹。有一县学生员叫胡作宾，乃我儿文俊同窗，最喜嬉戏，对儿媳评头论足，闹个没完。我见天色已晚，劝其回家。胡作宾却道：'取闹新房，古来不禁。你这老头真是可恶，三日内必让你知道我的厉害！'没想到他竟将毒药放在新房茶壶中。儿媳不知何时喝下壶中水，便一命呜呼。请老爷为我做主。"

狄公吩咐道："速唤胡作宾来。"

不一会，胡作宾带到。狄公问："文俊之妻可是你加害？"

胡作宾含泪辩解："我说三日内必让他知道我的厉害乃一戏言，我与文俊同窗十年，情同手足，岂能加害他的妻子。况家中有父母、妻儿，皆靠我生活，何忍做非礼之事，我确实未曾下毒，请老爷明察。"

狄公听了三人言辞，暗想：看那胡作宾比较儒雅，不像是凶手。便道："你三人退下，明日我要亲临相验，那时方辨真假。你三人那时不得远离。"

次日，狄公来到华国祥家，华国祥同儿子文俊忙去迎接，文俊上前行礼，狄公上下打量一番，也是个读书儒雅之士。问道："你何时进房？进房时你妻何等模样，何时知壶水有毒，误服身亡？"文俊道："客散之后，已时交二更，方到房中。妻子正在床沿下坐，见我来便命伴姑倒了两杯浓茶，彼此饮吃。我因酒后在父母房中饮过，故未曾入口。妻子将那一杯喝下后便入睡了。不料时交三更，却听她隐隐呼疼，随后又叫疼不止。正欲命人请医生，却已没了气。那茶壶已成赤黑色，必然是有人下毒。"

狄公道："当时有哪些人曾进你房中？"文俊道："当时许多好朋皆到我房中嬉闹。"华国祥在一旁插嘴道："胡作宾曾在房中多时，必是他下毒。"狄公道："人命关天，岂可乱下结论，将那伴姑叫来，我有话要问。"不一会，伴姑便到。狄公问道："连日新房内出入人多，你为何不小心照应？"伴姑道："老奴高陈氏在王家数十载，且夫妇在王家为役，当日出入新房人较多，必是胡作宾趁机下毒，老爷将那胡

▲ 狄仁杰

作宾拷问便是。"狄公问道:"当天那壶茶,是何时泡的?"高陈氏道:"午后泡了一次,上灯以后,又泡了一次。夜间喝的,便是第二次泡的。"

狄公与文俊来到新房中,见屋内有一张方桌,桌上有茶壶及茶杯,便亲自将壶内茶倒了一杯,颜色紫黑与众不同,有腥气。狄公命人唤来一只狗,用茶水泡了些食物,给那狗吃了。约有顿饭工夫,那狗便一命呜呼。

狄公心想:"一个是儒雅书生,一个是多年的老仆,断无谋害之理,只好在这茶壶上做文章了。"

有仆人恐狄公口渴,送上一碗茶,把盖子掀开,只见上面有几点黑灰浮于茶上。狄公问道:"你等怎么这样粗心,上面的黑灰从何处来?"那仆人道:"正泡茶时,那檐口上忽飘一块灰尘下来,落在里面。"狄公问高陈氏:"当日茶壶内茶是你所泡,这茶水是在外边买的,还是家中所烧?"高陈氏道:"皆自家中烧。"狄公问道:"可是你烧的?"高陈氏道:"丫鬟彩姑烧的。"狄公道:"唤彩姑来。"不一会,丫鬟彩姑来到。狄公问道:"那日可是你烧水?"彩姑道:"正是奴婢。后来上灯时分,小女子出去有事,回来后见高奶奶在房内,且茶水已泼在地上。询问其事,方知高奶奶泡茶时,炉内已无开水,便将炉子取下,放至檐口,后加火炭,烧了一壶开水,只用了一半,那一半正欲到院中添加冷水,不料绊了一跤,以致将水泼于地下。至于其他事情,小女子一概不知。"狄公对高陈氏怒斥道:"你这大胆狗头,那日将火炉移在檐口,且仅用一半,为何未讲?"高陈氏吓得叩头不止:"老奴一时糊涂,未能想起,请老爷开恩。"

狄公率众人来到厨房,只见房屋破旧不堪,瓦木多半朽枯,对高陈氏道:"你将炉子移至何处?"高陈氏道:"便在那青石上。"狄公仔细向檐口观去,只见那椽子已塌下半截,瓦檐俱已破损,便对高陈氏道："罚你在原处烧一天开水，以便本县在此喝茶。"遂命人取了两张椅子，在厨房内坐下，与那些厨子、仆妇说些闲话。停一会儿便催高陈氏添火，或而扇扇，或而倒茶，忙个不停。

高陈氏正在烧水，忽然檐口落下几点碎泥，掉在她头上。狄公早已看见，对大家说："大家看那檐口。"一会工夫，果然见那落泥的地方露一线红光，闪闪在那檐口，或隐或现，不知何物。众人无不惊服狄公神明。不一会，火炉中一股热气冲入上面，那条红光被烟熏得蠕蠕欲动，忽然伸出一个蛇头，四下观望，口中流着浓涎，对火炉内滴下。那蛇见有人在此，顷刻又缩进里面，众人无不凝神屏气，吓得口不敢开。

狄公对华国祥道："令媳亡故，是这毒物所伤。这是大家亲眼所见，而非本县袒护胡作宾了。房屋历久失修，已致生此毒物，不如趁此将它拆毁。"话毕，便命闲杂人等一概走开。差人将檐口所有椽子拖下，砖瓦连泥滚下，内有二尺多长的一条火练蛇，由泥瓦中游出，正要逃走，一差人手疾眼快，取一把火叉，对那蛇头打了一下，那蛇顿时不能走动，又一叉将它打死。众人恐里面还有小蛇，便上前将那一间房子拆毁。

狄公对华国祥道："高陈氏不小心以致令媳误服其毒，理应治罪。但念其事出无心，老年可悯，从轻处理。令媳无端而死，亦属天命使然。胡作宾无罪释放。"当即命人销案具结。

■ 玩物丧志：画眉鸟连害七命

宋朝期间，杭州城内有一户人家，主人叫沈昱，妻子严氏，二人以织布为生，生活富足。他们只有一个独生儿子叫沈秀，人称沈小官。这沈秀不喜读书，偏爱养鸟，他所收养的各色鸟雀或能斗或善叫，在杭州城很有名气。

有一次，一个徽州客人看中了他的一只画眉鸟，便提出用十两纹银购买，因为他十分钟爱，没有答应。谁知时隔不久，因这只画眉鸟却连伤了七人性命。

这天早晨，沈小官起得很晚，仍像往常一样带上画眉鸟到西湖边上遛鸟。此时，湖边树林里已没有人了，沈小官却落得个清静。也许是吸了过多的凉气，沈小官突然肚子疼起来。他知道是旧疾疝气病犯了，就躺在地上，一会儿便失去了知觉。不知过了多久，两个挑粪的农民从树林经过，发现了一具无头男尸。二人不敢怠慢，赶忙报告官府。

官府得报，一面派差役火速赶到现场查验，一面贴出告示寻找死者亲属认尸。

却说沈昱夫妇见儿子出去这么长时间没有回来，怕出事，沈昱赶紧出去找。当来到儿子经常遛鸟的湖边时，只见小树林里围了许多人，就径直走过去，发现儿子已死，头颅不知去向。沈昱一下子晕了过去……

众人七手八脚将沈昱扶起，又掐人中，又呼喊，过了半天，沈昱才醒过来。

在现场查验的差官过来问："老人家，死者是你什么人？"

沈昱边哭边回答："是老夫的儿子，早晨出来遛鸟，却遭此毒手，望大人替我做主。"

差官四下探找，不见沈小官的人头，只得回去复命。知府让沈昱先将尸身运回去下葬，又命令在城内张贴告示：有能找到沈小官人头者，赏银五十两；抓到凶手赏银一百两。不久,沈昱也贴出告示:找到沈小官人头者,赏银五百两。

却说城南郊有个姓黄的老头,得痨病三年,行将就木,得知官府和沈家的告示后,召集自己的两个儿子近前说:"我也活不了多长时间了,活在世上只能是你们的累赘,你们把我杀了,拿我的头去领赏吧。"

小儿子不忍心,大儿子却说:"这是个好主意,只要好好厚葬咱爹就行。"

二人果然杀了黄老头,将头割下来,丢到一个枯井中,倒了些水,用石板盖好井口,然后将尸身深埋。

约有两个多月,两人将父亲的头取出,送到官府领赏。知府命人叫来沈昱辨认,由于正值夏季,头颅被水一浸,胀得无法辨认,沈昱便认作儿子的头,取回与尸身合葬。那两个人得了五百五十两赏银,高高兴兴地回家了。

过了几年,沈昱到苏州卖布,在鸟市上发现了儿子养的画眉鸟。沈昱不动声色,赶到当地大理寺报告。差官赶去,把卖鸟人人赃俱获。经审讯,此人叫李吉,自称画眉鸟是从杭州箍桶匠那里买来的。问他那人姓啥名谁,家住哪里,李吉却说不出来。官府认为他撒谎,认定是他杀了沈小官,抢走了画眉鸟,就把他定了杀人罪,立即处死。

再说,这苏州城里有两个与李吉交谊不错的人,当时李吉买鸟时,二人也在场,见过箍桶匠,就决心为李吉申冤。二人来到杭州,多方打听,终于找到了箍桶匠张公。并直接向苏州知府申诉:"李吉并没杀人,画眉鸟实在是从杭州箍桶匠张公那里买来的,望大人明察。"说完,把张公住处告诉了知府。

知府立即带随从赶到杭州,这时杭州知府已换,新知府将张公抓来。张公见事情败露,只好招认。那天他从树林边经过,见一人躺在地上,他喊了半天，却没有应，发现画眉鸟很好，提起笼子就走。这时，沈小官正好醒来，他认识箍桶匠，就争起来。张公一时脱不得身，抽出箍刀将沈小官刺死，割下头颅，扔在一棵枯死的柳树洞里。知府命人找到沈小官的人头，通知沈家来取，果然是沈小官的人头。沈家又将姓黄的兄弟献头的事禀报杭州知府。

杭州知府见事有蹊跷，赶紧派人将黄姓兄弟抓来。二人见无法隐瞒，就将杀死父亲，冒领赏银的事供了出来。这样，箍桶匠、黄姓兄弟也被处死。行刑那天，箍桶匠的老伴张婆也自缢身亡。

就这样，因一只小小的画眉鸟，却白白葬送了七条性命，实在是可怜可叹。

■ 毒虫害人：主观枉判冤两命

山西某县有一农家，儿子长期在外经商，婆媳二人相依为命，婆婆双目失明，生活起居全由儿媳照料。

一天，儿子从外地经商归来，一家人甚是高兴，母命媳孙氏杀鸡做饭，为儿洗尘。

古时农村有男人吃饭女人不同吃，男人先吃女人后吃等习俗。饭后不久，儿叫喊腹内疼痛。片刻之间，便断气身亡。次日，地保见商人突然死去，认为情况不太正常，急忙报告官府。检验证明，确定是中毒而死。县令怀疑孙氏跟人私通，谋害亲夫，就严刑逼问。孙氏受刑不过，便承认了杀夫之罪。问她奸夫是谁？孙氏说，没有奸夫，是我自己下毒害死的。县令大怒道："没有奸夫，为什么毒害丈夫？死到临头，还为奸夫隐瞒。"孙氏很少与人来往，接触的男性，除了舅舅家的儿子十郎之外，谁也不相识。所以仓促之间，只好把十郎招供出来。十郎被捕到堂，见了孙氏哭着问道："嫂嫂，你说了些什么？

怎么我也牵连到案子中来了？"孙氏本来心中不忍，也哭着说："十郎，实在……"刚一张口，就哭得说不出话来。县令看到他们还情意缠绵，拍着案板骂道："好个奸夫淫妇！到了公堂，还敢作态传情，真不知羞耻。"不容分说，就将十郎打得死去活来。十郎见此，觉得招与不招都是一死，便断断续续地说："我十郎活了二十多年，清清白白地做人，从来没有做过一件越轨的事。我曾受了表兄的嘱托，去过姑母家照看过姑母，农忙时也帮助做些农活，与表嫂哪有什么私情！现在孙氏都说我合谋，就是有一百张嘴也说不清了。"他一气之下，拿过纸笔画了供。县令遂以通奸杀人罪名，将二人判处死刑。

  巡抚某公，仁爱宽厚，是个能体察民情的好官，这年审查各地断案情况。正好来到该县。看到孙氏的案子，觉得证据不实，便找到师爷阎某商量。阎某此时还正与同僚下棋，心思都在棋上，根本没想别的，就随便答道："这个案子已经审理完毕，下面的人不知费了多少功夫进行研究推敲，料定不会有什么冤枉。大人又何必生事，给自己添麻烦呢！"严巡抚见师爷没有怀疑，也就没有即刻批示平反。

  但巡抚还是觉得疑点很多，便自己一人乔装打扮，以商人收购土产为名来到了老母家中，见到了这位母亲，细问了事情的缘由。老妇一边哭着一边说："客人，您哪里知道。吾儿惨死，不知是何缘故？只恨官府昏庸糊涂，不详细了解，便污蔑我那贤惠的媳妇通奸杀夫，判了死罪，真是冤枉啊！"巡抚假装不知内情，问道"老太太，您儿媳孝顺您吗？"老妇说："客人，你当然不知道。我与她名分虽是婆媳，但恩情超过母女。整天都在一起，形影不离，怎么会有私情？这都是官府使用酷刑，逼她招供的。听说巡抚大人公正严明，还希望他能为儿媳平反昭雪。谁想也是个平庸官吏，糟蹋王法，不能给儿媳辨白冤屈。只可惜我风烛残年，瞎了眼睛，不能进京告状，为儿媳申冤呀!"巡抚又问十郎是谁?老妇说:"是我的一个侄子。我儿出外时,把老身和家务重活儿都托付给他。他虽年轻,但很诚实可靠。街坊四邻没有人不信任他的。现在恩将仇报,想必是前世注定的吧。"巡抚想,商人是吃了鸡肉而死的,如果没有人下毒,必然会有特殊的原因。便问老妇:"那天吃饭在什么地方?"老妇说:"葡萄架下。"于是托人买来一只肥鸡,请人炖好,放在葡萄架下。巡抚坐在一旁细心观察,见热气上升。不一会,架上有一细丝落下,直入碗内,如不细看,很难发现。接着,他取出一块鸡肉喂狗,狗吃后叫了几声就死去了。巡抚对老妇说:"你儿媳的冤屈我能代她洗清,你在家等着就是了。"老妇不理解他为什么这样说,只是合手作揖称谢。

巡抚将鸡肉包好带回官署,立即通知县令及参与审案的官员前来,将调查的实情告诉了他们。官吏们你看看我,我看看你,好像不太相信。巡抚遂命人找出一条黑狗,喂了它一块鸡肉,果然当场死去。巡抚即带一帮差役赶到乡下,对葡萄架上的残叶枯藤仔细翻查,结果在架上捉住一条肥大蝎子,数寸之长。毫无疑问,架上垂下的细丝,就是它闻到鸡肉香味后吐的毒液了。

事情大白,巡抚上奏朝廷,处分了判错案致二条人命冤死的县令,判了极刑。其他有责官员也根据情况分别给予轻重不等的处罚。巡抚又请旨表彰孙氏和十郎,建立"贤孝""义士"牌坊,以安慰死者的灵魂。老妇的生活,由官府给予优厚的抚恤,使她能安度晚年。

第二节　奇案寻踪

■ 投君之好：监察御史窃《兰亭》

中国的士大夫历来讲求"气节"二字，所以监察御史萧翼盗窃墨宝《兰亭序》一段公案，便成为千古话柄。

故事发生在唐朝初年，唐太宗李世民登基之后，转武为文，酷爱晋人王羲之书法，曾经收集王右军真迹三千六百余纸，装成丈二大轴若干，旦夕赏玩，爱不释手。

却有内侍投君之好，报说江南永钦寺藏有一本《兰亭序》书法真品，最是王右军书法精彩处。想那太宗皇帝本是一国之君，听得这个消息，自然派了官吏去取。不料三番几次，均被拒绝。住持和尚辨才法师一问三不知，道是师父殁后，《兰亭序》已失，无可寻觅处。

闻此回报，唐太宗心中不悦，上朝理事，也带三分怒气。文武百官见状，惴惴地不敢多言，独有监察御史萧翼出班奏道："微臣不才，愿为皇上求取《兰亭序》真迹，但求给假半载。"

唐太宗龙颜大喜，忙问有什么办法，萧翼却是不答，凑近龙书案前，用食指在案上空书了四个字，原来却是"鸡鸣狗盗"而已。

不觉已是三个月后，江南越州路上走来一位风度翩翩的中年绅士，背后跟着一个青衣小厮，说说笑笑，一路直往永钦寺而来。

那永钦寺却也有名。前代长老乃王羲之七世之孙智永禅师，佛理书法冠绝一时，天下谁人不晓？

现任住持辨才法师，乃智永禅师高徒，因为传得智永禅师的三件珍宝——《兰亭序》真迹、墨玉如意和千年神龟，所以又称"三宝"和尚。永钦寺自然也是蜚声天下，香火鼎盛。

这一日，辨才法师正在参禅，忽有小沙弥来禀："殿外有一山东客人，布施白银三百两，欲求法师一见。"

出家人虽说不爱财，却与布施银子打不得别扭的，于是他披了袈裟，执了锡杖，以礼相迎。

客房落座，双方道了仰慕，辨才方才知道，来客原本业儒，因为久试不中，转而经商。这次到浙江贩卖蚕茧，闻得永钦寺盛名，特来参禅礼佛的。

因见山东客商谈吐不俗，二人越发投契，便留山东客商在寺住了下来。

山东客人住下以后，日日与辨才和尚清谈，从佛理到文艺，无所不及，不知不觉便说到书法上来了。不等辨才夸口，山东客人先自包裹里取出几幅墨迹，说："我虽弃儒学，仍难舍喜爱书法之好，这是几幅王右军的真迹，端的是天下无匹。"

辨才听了，微微发笑道："只怕未必。"

客人愕然："难道不是真品？"

辨才道："真品自是真品，可惜不是精品。"

"何为精品？"

"《兰亭序》。"

"莫非就是王右军当年用鼠须笔书成的那幅《兰亭序》吗？"

"正是。"

"哈哈哈……"客人大笑起来。

辨才法师却又不解:"客官笑从何来?"

客人笑声不止:"出家人莫打诳语!出家人莫打诳语!南朝北国,五胡乱华,《兰亭序》久不闻世,只怕早已毁于兵燹了,法师何必拿我取笑!"

辨才见他不信,已经不悦,及至闻说"诳语"二字,不禁

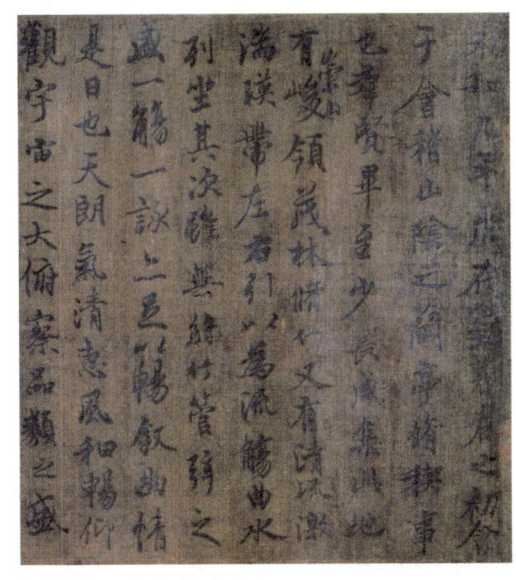
▲ 墨宝《兰亭序》

怫然:"施主如此说,岂不辱及我佛!既如此,不妨一睹真宝,方知老僧不诳也!"

言罢,把山东客人带进藏经楼,闭了房门,沿梯登梁,从大梁上一个掏空的深槽里取下一个铁盒,打开铁盒,《兰亭序》真本赫然在目。

山东客人打开一看,果然惊心动魄,一共三百二十四个字,字字传神,灵动欲飞。不禁拜服道:"真神品也!大师快快收起,小人福浅,一睹已足,真的令人神魂出窍,折了小人寿限去也。"

辨才占了胜场,心中十分高兴,特地办了素酒素饭,与山东客人畅谈。

山东客人对法师推崇备至,一直谈到夜阑,方才尽欢而散。

第二天一早,客人便向辨才法师辞行,言说思乡心切,收拾行囊,逶迤登程而去。殊不知这个山东客人乃是监察御史萧翼所扮。这一去,早将《兰亭序》真本带在囊中了。

长亭短驿,快马如飞,萧翼一溜烟回到长安,把窃来的《兰亭序》

墨宝献上金殿，唐太宗大喜过望，立即升了他的官，并派人给永钦寺送去锦缎三千匹，谷米三千石，表示慰问。

辨才和尚见到朝廷送来的东西，方才知道《兰亭序》墨宝已失，悔愤交加，当场摔了神龟，碎了如意，宣告"三宝"尽失。因为伤心过度，第二年便死了。

唐太宗命人把《兰亭序》摹了数份，送给了几个亲贵，真品却藏在深宫，攫为己有，最后带进了九嵕山昭陵墓穴，世上从此无真品《兰亭序》了。

噫，分明窃宝夺命案，千古颠倒说风流，和尚！御史！皇帝！是耶？非耶？理耶？天下事毕竟如是。

■ 禽兽无罪：狗咬白鹤起纷争

▲ 白鹤

明朝成化年间，祝瀚任南昌知府，敢忤权贵审狗，被人称颂。

南昌城里有座宁王府，是明太祖第十七子朱权的府第。朱权死后，传了几代，传到了朱宸濠。朱宸濠是个花花太岁，一天到晚只知吃喝玩乐，经常带着随从，牵着一只丹顶白鹤，满街闲逛。这只白鹤是当朝皇帝御赐，脖颈上挂着一块镀金铜牌，上刻"御赐"两字。

一天，朱宸濠因贪于另外新鲜的勾当，没腾出空来牵着白鹤逛大街。那白鹤溜达惯了，见今天主人没牵它，就耐不住了，见门开着，自个溜了出去。走到大街上，正好遇上一条狗，那狗哪认识它是一只御赐之物，只当是只野禽，跑上去一口，把白鹤的脖子咬断了。街上的行人也给吓跑了，谁都怕招惹上是非。

朱宸濠听说后，从宁王府冲出来，一看白鹤早已断气，心疼得直跺脚，连声大骂："我这白鹤是皇上赏赐的，谁家养的野狗这样无'礼'，竟敢欺君犯上。"骂完便咬牙切齿地命令家奴查问狗是谁家的，把那家的人捆绑起来送到南昌府治罪，给他的白鹤抵命。

南昌知府祝瀚，早就对宁王府不满。这祝瀚是山阴人，成化时进士，曾任刑部主事。做了南昌知府后，朱宸濠自恃是皇族，对地方官全不放在眼里，像对奴才一样任意驱使，祝瀚正一肚子怨气找不着地方出。这回听说宁王府管家前来转达朱宸濠的"旨意"，要以欺君犯上的罪名让老百姓为白鹤抵命，感到又好笑，又好气。心想：朱宸濠这小子真是草菅人命，把老百姓看得一钱不值。他听完王府管家的话，就说："王爷既然要我处理此案，那就公事公办，你写个诉状来，本府自当审理。"宁王府管家不一会儿就写了一份诉状，递给祝知府。

祝知府接过诉状看了一遍，抽出令签命衙役捉拿凶犯到案。王府管家连忙拦住："大人且慢，人已抓到，就在堂下。"祝知府故作惊讶地说道："诉状上明明写着凶犯乃是一条狗，本府今日要审问那肇事之狗，你抓人来为哪般？"那王府管家听说知府审狗，心想：这狗官装的什么糊涂，成心捣王爷的蛋。就狐假虎威地说："王爷旨意是要你杀人为白鹤抵命，你敢抗旨不遵吗？"祝知府说："治罪要查明案情，这狗既敢行凶，必是有人主使，何人主使？不审狗又怎能查明！"王府管家一听，你这狗官不是戏弄我吗？气急败坏地说："那狗又不通人言，岂能大堂审问？"祝知府说："贵管家不必生气，本府自有主张，只要把诉状放在狗面前，它看后低头认罪，这样就可以定罪结案了。"王府管家暴跳如雷，大声嚷道："真是岂有此理，这狗怎会识字？"祝知府说："贵管家怎么知道狗不识字？"王府管家大声叫骂："你这个昏官，天下可有识字的狗吗？我看你连狗都不如！"祝知府收起了笑容，神情严肃地说："既然这狗不识字，那金牌上的'御赐'二字它岂能认得？既然它不认识鹤脖子上的'御赐'金牌，这欺君犯上的罪又从何说起呢？狗是不通情理的畜牲，咬死白鹤乃是禽兽之争，凭什么要杀无辜的百姓呢？"王府管家被问得哑口无言，气得哇哇直叫："好啊！你等着，王爷跟你没完，小心你狗头上的乌纱！"一甩袖子跑了。

　　祝知府大笑着提笔在那份诉状上写了四行大字：

　"鹤虽带牌，

　犬不识字。

　禽兽相争，

　何干人事。"

　　接着命衙役把那抓来的人释放回家。

■ 人遇奇事：博学县官释疑难

　　袁枚在任江苏江宁县知县时，城南有个姓韩的女子，出门去买绣花的花线。走出门外，竟被一阵狂风刮走，傍晚时分落在离城九十里地的一个村庄。说也巧，竟一点儿也没有受伤。村民们纷纷前来观看，看到她一举一动都和平常人一样，并非天仙下凡，都很惊奇。当晚好心的村民们便将其留宿在一陈姓农民家里。

　　第二天一早，姓韩的女子由两个农民伴同，送回到县城家里。父亲见女儿平安送回，心里十分高兴，对两个农民感激不尽。送走两个客人之后，便到城东给亲家李秀才通报了女儿归来的消息。可李秀才听说后，认为没过门的儿媳被大风吹出城外，第二天才返回，心里甚是疑惑。认为活人被风吹走九十里，古往今来，还没听说有这样的奇事，一定是韩老头为女儿的放荡行为而遮掩。要不，他为什么这样急急忙忙来向自己表白，便越想越觉得问题严重，也没跟家人商量，便急忙跑到官府报官，要求解除婚约，还自认为这是明智之举。

袁枚听了李秀才的陈述之后，问李秀才道："古时候有一女子被风吹走六十里的事，你知道吗？"李回答说："不知道，学生也不敢相信有这等奇事。"袁枚便取出元人郝经的《陵川集》一书，指着其中的一首诗说道："你看，诗中有'黑风当筵灭红烛，一朵仙云落天外'的句子，这里说的'仙云'就是指女子被一阵风吹走的事。作者郝公是一代忠臣，写诗岂能作诳语？不过当时被风吹走的这个吴门女子，后来嫁给了宰相，可你儿子不知是否有这样大的造化，那就要靠他自己的努力了。"李秀才读完郝诗大喜，忙说："学生才疏学浅，如不是大人指点，将会铸成大错。"袁枚便说："婚姻大事，两家都要情愿才好，你是否还要……"李秀才赶忙说道："我撤诉，我撤诉。"一场难以排解的纠纷，就这样顺利地解决了。

对于此案的顺利解决，总督尹继善听说后说："亲民之官，必须任用博学之人，韩女一案，就是例证。只有这样，才能向百姓排难释疑，厘清纷争呵！"

又一次，袁枚任上元县县令时（清代，上元县属江宁府，民国初年入江宁县），有个姓巫的农民，娶妻五月，妻子就生了一个儿子。这本是件喜事，可亲戚朋友说长道短，左邻右舍风言风语，说生

▲ 袁枚

儿育女哪有五个月生的，分明是婚前别人之遇。巫某忍受不了大家的讥笑，便以"先孕后嫁"为由控告岳父孙某养女不教，要求与妻离婚。

袁枚开庭审问，旁听人众挤得水泄不通，双方父母也双双到堂。袁枚准时盛装出堂，首先向巫某招手致贺。巫某没有领会袁枚的心意，以为县官也耻笑自己，羞得面红耳赤，便连忙低下了头。袁枚对他说"你是得福不知福，好糊涂呀！"说罢，又问孙某："你认识字吗？"孙某回答说："没有上过学，不识字。"袁枚看看巫孙二人，笑着说道："女婿糊涂告岳父，岳父愚昧说不清楚。这都是因为你们两家不读书的缘故呀！要知道，人的降生有早有迟，不是人人都是十月怀胎而生。曾有传说老子乘白鹿投胎李母，鬼方氏之女怀孕三年一胎六子，这些荒诞之说不足为信。但是春秋时代晋惠公之妻怀孕过期，南朝人徐陵不满十月降生，这都是史书上明明写着的。也曾传说过迟生的受天地丰厚之气，生而长寿；提前早产的，受天地清灵之气，生而富贵。长寿的，像唐尧、虞舜，都活了一百多岁，想是你们也听说过。主贵的，就不必从古人中找例子了，本官就是五月而生。虽然才能不大，尚能入选翰林，出任知县，能说不是富贵之人吗？你们要是不信，就叫你妻子到后堂请问老夫人——我的母亲。"巫某听后，连连称是，忙命孙氏抱着婴儿到后堂询问。不一会，婴儿手系铜铃，项悬金锁，身裹丝绣五彩衣被，由孙氏抱着出来。孙氏眼含热泪，走到袁枚座案前面，双膝跪下。说道："感谢老夫人恩德，已将我儿认作干孙了。"袁枚听后，严肃地对巫某说："那好，老母之意，焉敢不随。你的儿子，也就是我的儿子，要好好教管，将来要使他的功名超过本官才好，要让他成为国家栋梁，为民造福。"巫某感激不尽叩头致谢。

夫妻二人高高兴兴地抱着婴儿离开了县衙。一方乌云化解，全家人获得了无比的欢欣。

■ 出人意表：车夫丢尸男变女

清朝乾隆年间，一白发老人雇了一辆车往城南赶去。车行至半路，车夫与老人搭话，不见回音。回头一看老人似睡着的样子，唯恐老人着凉，就停下车来想叫醒他，左推右推都推不动，这才发现老人已停止呼吸。车夫不知怎回事，赶紧到官府报案。因为阴天，暮色降临得早，官府来不及验尸。天色已黑，官府就派当地里长、甲长在此看守，将车夫拘禁候审。守至半夜，下起大雨；看守的两个人冷得直打哆嗦，赶快跑进一座破庙避雨。一阵雨过后，里长说："寒夜难度，我们不如找些柴火，在尸首旁烧火取暖，又不失守职。"说完二人分头拾柴。等到回来看尸首，发现尸首已经不见了。二人害怕丢了尸，先要获罪，便合计办法来掩盖。甲长想了一会儿，说道："我刚才拾柴，看见附近小树林里放着一口棺材，墓穴已经挖好，死者还未安葬，我们何不把棺内的尸体偷来代替他？"里长以为是条妙计，就去开棺偷尸。因为是半夜里，天黑得伸手不见五指，他们也没有仔细看，就把棺材里的尸首抬出来，移放在原来老头尸首的地方，并捡了一张破席盖在上面。

到了第二天，官府派人查勘，揭开草席一看。男尸变女尸，老头成小姐。再一检验，发现这女尸的脖子上留有明显被人掐死的伤痕。大家都感到非常惊讶。于是将里长、甲长二人逮至官府，严厉讯问缘由。二人一看这阵势，唯恐再受重刑，难保性命，就如实将守尸丢尸，偷尸换尸的详细经过讲了出来。官府立即命令查明女尸属何家女子，并把家里人统统押解官府。过了不久，衙役回来报告说尸主已查明，是城西某地区小商人张某的女儿，名叫爱莲，她的父亲张某，因其妻前两年死于瘟疫，又娶了一个后妻王氏。王氏进门二年来对丈夫还算贤惠，对爱莲也还疼爱。可是王氏与原夫刘某生有一女，跟祖父母共同生活，日子过得非常艰难。二年前，刘某与王氏一家实在无法维持生计，夫妻就假称兄妹，将"妹"卖与他人为妻换钱求生。当时张某因见王氏容貌娇好，贪其姿色，花了不少银两讨她做了后妻。没想到王氏与前夫感情甚笃，而且思女心切，与前夫家时有来往。张某经商，常常在外，每次出去就是一整天，有时还要在外过夜。刘某得知这个情况，就借此机会与王氏私通。久而久之，张某的女儿爱莲有所察觉，虽然还不敢向其父透露，但对自己的后妈越来越仇视。刘某害怕张某的女儿总有一天会将这事捅出去，就和王氏商量决定奸污爱莲，胁迫她从此和他们一起干这种丑事。有一天，张某外出不在家，刘某趁机闯进爱莲的房里，先是以甜言蜜语诱惑，因爱莲早已仇恨他，始终抗拒。后刘某又以暴力相威胁，爱莲还是宁死不屈。刘某与王氏见爱莲不肯顺从，万般无奈。到了晚上，刘某对爱莲又施行暴力，企图强奸，但爱莲大喊大叫，骂不绝口，弄得无从下手。这期间，正逢爱莲的父亲去南方要债，路途遥远，要十来天才能回来。遂刘某趁机将爱莲掐死以灭人口。之后刘某对王氏说："我们不如等张某回来将他一起干掉，你继承他的家产，我们又可以团圆，有了钱，再也不为过日子发愁了。"王氏称是。

不久，张某从南方回来了，问及女儿，王氏说女儿得了暴病身亡。说请了有名中医会诊，诊断与其生母病同。张某虽然疼爱女儿，可后妻平时也很贤惠，所说也就信以为真。刘某本打算在张某安葬其女时，出其不意将他打死，一同埋掉。不承想里长、甲长二人偷尸换尸，洗清了张某女儿的冤案，保全了张某的性命。女尸案已查清，官府立即命将刘某捉拿归案，并将杀人灭口的刘某、王氏判处了死刑。

可是丢失的老人尸首仍然没有下落，官府派人四处搜寻仍不见踪迹。车夫、里长、甲长就一直被拘押监禁，等候处理。官府还贴了寻尸的告示，上面详载车夫所述经过，老人相貌。这样丢尸案也一传十，十传百，人人皆知。

忽然有一天，官府衙役报告说门外有一老者前来投案。主审官员命传唤堂前，一看是位白发龙钟的老人，便问："老人家为何而来？"老人说："前些天官府张贴告示寻尸，那丢失的尸首就是我啊。"老人咳嗽两声，接着说："因为我平时有痰疾，一受寒就发病，发病时就如同死人一般。那天犯病，半夜下雨把我浇醒，见深更半夜四处无人，就埋怨车夫把我扔下跑了。于是我就起身摸着黑，寻路走回南城家中。谁想到因此还破了一件大冤案啊。"审案官员唯恐其中有诈，就唤人将车夫、里长、甲长押解堂上，叫他们仔细辨认。车夫见了惊诧不已，说："老人家，你怎么没死啊，害我蹲了好久的大狱呀！"里、甲二人也认出了当时死在车里的老头确实是他。经过辨认，案情大白。当场就把车夫、里长、甲长释放了。巧遇丢尸案，查出杀人犯。真是人间无奇不有。

拓展阅读

被花粉"杀"死的农夫

一农夫在田间劳动，晌午，妻子给他送来午饭。他刚吃完，感到肚子剧痛，支撑不住，一会儿便倒地死去。其妻吓得不知所措，只是抱头抚尸痛哭。公婆闻讯赶来，见儿子暴病身亡，怀疑是儿媳蓄意谋害，就扭着她告到了县衙。

县令简单地讯问了案情，也不作调查，就判断是妻子谋杀了丈夫。并用刑讯逼供，仓促结案。

新县令上任，复查旧案，以总结经验。于是，重新审阅了该案案卷，觉得存在三个十分明显的疑点：一是如果是妻子谋杀丈夫，一般情况是女子行为不端，并在奸夫的挑唆下下的毒手，但如今没有这方面的证据和线索；二是如果是谋杀，一般作案应在密室，以避人耳目，而该案发生在田间，这就不可理解；三是毒物不清，何毒不明，没有毒物来源的证据。

新县令便决定再次对罪犯加以审讯，被告被押至公堂，跪在案前，喊冤、痛哭不止，但又无法说清楚丈夫死亡的原因。新县令沉思片刻，觉得很有必要亲自去现场勘察一番，然后根据情况再作结论。

新县令从妇人的住所、灶间、途经的荆树林一直到田边来回走了一趟。在路途上发现，路边荆林丛中有剧毒的荆花盛开，不时地有花落飘扬。于是他恍然大悟，可能是有毒的花粉飘入午饭而致。为了证实这一认识，回县后，他让妇人回家按照原样做了鱼、汤、饭菜，提着篮子经过荆树林走到田边，然后将饭食用来喂狗，狗食后立即死亡。于是结论：毒死农夫的是荆树花，而不是那农夫的妻子。一桩不白之冤的案子得到了洗雪。

第七章
真情感天——法外开恩

所谓法外开恩，并非指定罪上的从轻、减轻或免除，而是在量刑上从轻、减轻或免除，主要是办案官员根据自身的自由裁量权，按照相关法规解释所规定的能够从轻、减轻或免除刑罚的情节进行量刑，对罪犯进行轻判甚至不判刑。本节主要指古代办案官员在亲情和爱情上的法外开恩。

第一节　情有可原

■ 新妇出走：假妹感恩报真情

　　明朝万历年间的一天，徽州府休宁县衙门有人击鼓告状。告状人是一对儿女亲家，女方姓姚，男方姓潘，两家结亲刚刚两个多月。李知县升堂将姚、潘两老汉传进审问。原来，姚老汉膝下有一女，名叫滴珠，芳龄十六，生得如花似玉，经媒人说合，两个月前嫁给了潘老汉的儿子潘甲为妻。新婚夫妻你恩我爱，自不必言。不久，潘甲就出门做买卖去了。姚滴珠每日除了烧饭洗衣等家务外，还要服侍公婆。一天滴珠因身子不适，起得迟了。那公婆又不知体谅，见她愁眉苦脸的样子就轮番数落起来。滴珠受不了这种辱骂，一气之下，第二天起了个大早，不辞而别。等公婆起来，才发觉媳妇不见了，猜想是昨天骂凶了，必是逃回娘家诉苦去了，也不去找寻。过了十来天，姚家派人来送点心给女儿和亲家，却被性格暴躁的潘公骂了个狗血喷头，送点心的用人吓了一跳，又不见姚滴珠，忙回去告诉了姚老汉。姚家听说不见了女儿，就赶到潘家去讨人。潘公认为是姚家藏了女儿有意来寻事，姚家认定是潘家逼走或逼死了女儿，于是一对亲家成了冤家，拉扯着吵上公堂。

　　李知县听了两家的诉说，也没分辨出个子丑寅卯来。便将潘老汉打三十大板放回。将姚老汉收监，等把女儿找回再放人。姚老汉只好让儿子姚乙去托亲求友四处寻找女儿。

姚家有一门内亲是位出门做生意的人，名唤周少溪，自受姚乙之托后，出门在外一有空闲便寻访。一天，周少溪来到衢州的一条小巷里，见门楼口站着一位施着脂粉的女子。这不就是滴珠吗？身材、面容无一不像。正想去问个明白，那女子已接得一客入内去了。周少溪急急赶回徽州向姚乙报信去了。

姚乙随周少溪来到衢州，先找个旅店住下，随后去找那条烟花巷。刚进那小巷果见一女子斜倚门首，姚乙细看确像自己的妹子，便轻轻地连唤了几声小名。可那女子只是笑，像是不认识姚乙。周少溪花了点银子托一闲人去那儿一说，那鸨儿收下银两就让那女子乘上一顶小轿到姚乙的住处来了。周少溪又备了酒菜在房里，见那女子到了，便有心让他兄妹相认，自己避开去做生意去了。姚乙见那女子下轿，脸相身材、一举一动都酷像妹子滴珠。刚想相认，不料那女子先开口了："小女子给客官施礼。"这话音一出，姚乙愣住了。这女子一口衢州语音，而且声音也不像妹子滴珠，坐下叙谈起来。原来这女子姓郑，名月娥，是衢州本地乡下良家女子，因嫁给当地一位秀才为妾，不为秀才的大老婆所容，秀才又忘恩贪利，竟将她卖到了烟花巷里。姚乙把自己为寻妹子到衢州，错把她当滴珠的事一五一十地讲了出来。月娥一听十分兴奋，便说："既然如此，我就认你做我哥哥，跟你去徽州"。姚乙一听，觉得也不错，虽说真妹子找不到，寻个假妹子回去，至少可让父亲不再受牢狱之苦。这假妹子去潘家了结了官司，她也可脱离苦海，真是两全其美的事。等周少溪回店后，姚乙假说确是自家妹子，周深信不疑，带着姚乙到妓院将妹子赎出。

姚乙和郑月娥谢过周少溪等人，雇了一只船赶回家。姚母一见女儿，抱头痛哭，根本辨不出真假。姚老汉也被释放回家，见了女儿百感交集。

李知县心想这案子虽拖了两年，但总算了结，便将两家人叫齐，传令升堂。先让姚家认了女儿，又让潘家认了媳妇。潘甲见了两年不见的娇妻，喜从天降，感恩不尽。那潘家公婆也内心惭愧，向姚家赔了不是。于是两亲家又言归于好，拜谢了李知县回去。

翌日一早，潘甲就来报告，说昨天领回的妻子不是真妻子。李知县一听十分气恼，怒道："大胆刁民，昨天认了，今天又来反悔，给我狠打四十大板。"潘甲被打得动弹不得，但嘴还是硬得很："小的只要真妻子，不要假老婆，万望大老爷做主。"

李知县身边的师爷悄声说："老爷，这事有点蹊跷，你退了众人，细细盘问一下再说。"李知县喝退了众人，潘甲便把许多真、假妻子不同的细微处一一点出。李知县让潘甲暂不声张，也不要在双亲面前点破，等官府细细查访明白后再说。李知县听了师爷的计谋，一面差人遍贴告示说姚滴珠已寻查归家，潘、姚两家官司已了结，不得再有告扰。一面派人暗访姚滴珠下落。

真姚滴珠其实并未走出多远。那天清晨姚滴珠负气离家来到渡口，见对岸荡过一只竹筏来，姚滴珠招手相呼。那撑筏的是当地的光棍汪锡，见这么早便有个花朵儿似的小娘子向他招手，心里乐得发痒。汪锡慢慢地撑筏，几句好话说得滴珠心里暖暖的，当是遇到好人了，于是将心中的委屈一股脑儿吐了出来。岂料汪锡将筏靠岸连哄带拉，将滴珠带到一处院子里。院里一位老妇人走了出来，一见滴珠忙客气地让座倒茶，使滴珠放心了不少。汪锡到里面嘀咕了一阵。向滴珠要了家中地址，出门去了。滴珠只当他去通知父母来接她，哪知这并不是汪锡的家，而是一个窝点。汪锡撑筏四游之际做些骗拐女人的勾当，然后送到老太婆这儿，老太婆将她们卖出去，从中获利。过了几天，汪锡陪着一位衣着华丽的公子哥儿来了，老太婆命滴珠给他敬茶，那人见了滴珠上上下下地看，看得滴珠羞红了脸。席间老太婆又命滴珠陪酒，不知怎的滴珠就醉了。等酒醒过来已是深夜，那人已睡在她身边。姚滴珠心想事已到此，还有什么话说。第二天，那人出去了一趟，傍晚时分送来八百两白银。老太婆取走了四百两，将另外一半交给滴珠，作为居家度日的开销。滴珠这辈子也没见过这么多银子，心想他果然有钱，给他做妾也比卖入烟花强，就认命了。从此，就住在这人迹罕至的小庄园里，与老太婆一起度日。那人隔三岔五地来相聚，也不带滴珠到家中去。滴珠关在这庄园里，竟隐居了两年多。

自从县衙贴出告示后，汪锡认为风头已过，平安无事了。一天，汪与老太婆一起进城去了，让姚滴珠留看庄园。这天上午，汪锡陪老太婆去看告示，边看边忘乎所以地议论。正说话间，突然从背后跳出两名捕快来，将他们抓住了。汪锡先被押往衙里，又押老太婆回家取衣物，不料正好碰上姚滴珠，便一起带到县衙。

李知县又升堂问案，真、假滴珠传到时，不光众人分辨不清，连她俩自个都傻了眼。只有那潘甲，一见真滴珠，扑过去几句体己话，两人就抱头痛哭起来。李知县先审问真滴珠，姚滴珠见到了亲人，泪如雨下，将被骗拐经过原原本本诉说了一遍。叫上主犯汪锡来当堂对质，汪锡供认不讳，李知县大怒，命重打一百大板，那汪锡竟一命呜

▲ 古代仕女

呼了。

李知县怒气未消,又传审姚乙,判了他个"拐骗人口罪"发配充军,那姚家老夫妇刚寻回女儿,想不到又要失去儿子,不禁号啕大哭。郑月娥跪下请求说:"当时都是奴家要想脱离苦海,给姚乙出的点子,想不到如今却害了他,小女子愿随同他发配边境,一路服侍他。"想不到一位曾沦落烟花的女子有如此义气和胆魄,众人大为感动,纷纷帮着说情。李知县此时也乐得做个顺水人情,准了她的请求。

■ 女婿卖妻:岳母同意被赞颂

清朝时,安徽泾县有一老妇,年过五十,丈夫早已去世,膝下只有一个女儿已经出嫁。不幸的是女婿是个浪荡子弟,游手好闲,不务正业,千金家产,挥霍殆尽。

一天,女婿又去赌博,输得精光。为了积攒赌资去翻本。女婿串通乡中恶棍,卖妻换钱。正好有个青年打算娶妻,女婿就通过乡棍,偷偷领着那青年来家看妻。那青年见此女子年轻端庄,欣然应允。于是暗暗订立"以五十两银子出卖妻子"的契约,商定了迎娶过门的日期。

到了约定迎娶的那天,青年家张灯结彩,鼓乐喧天,新郎喜不自禁,盛装迎轿。轿子抬进中堂,掀开轿帘,众人大吃一惊:从轿中走下来的竟是一位鬓发斑白、步履蹒跚的老太婆!新郎一见,满脸羞恼,转身便走。

老太婆见此情景,沉思片刻,拉着身边一位妇女的袖子,避开众人,慢慢走进内房,询问情由。那妇女遂将某某赌输欠债后以五十两银子卖妻之事告诉老太婆。

老太婆一听,怒不可遏地骂道:"好一个无情无义的小子!"

原来,这老太婆就是那浪荡女婿的岳母,她也被女婿骗了。女婿骗她说，要陪她一同去朝拜九华山。今天早上五更时就催她起床，梳洗打扮、整肃衣裙，神不知鬼不觉地让她坐进了新郎家来抬新娘的花轿内，顶替妻子卖了。

说清真情后，新郎家里人无不义愤填膺，但又想不出个好办法来。

老太婆心想："想不到这女婿竟如此缺德，我女儿跟这样的人在一起，怎能过好日子？看这家新郎，为人忠厚朴实，不如把女儿转嫁于他，还能过一辈子幸福日子。"想到这里，老太婆和颜悦色地对新郎家长说："你们别着急，好好安慰新郎，先别向外声张。这件事包在老妇我身上，七天之内管保还你儿子一个称心如意的媳妇。"

于是，老太婆派一个婢女去告诉女儿，说自己已嫁得一个好处所，要女儿择一个好日子来一同喝喜酒。

过了几天，女儿穿着一身新衣服，坐轿来到母亲这里。一进中堂，只见张灯结彩，鼓乐喧天。老太婆亲自等在旁边，扶女儿出轿，然后，把一切实情告诉女儿说："你丈夫已立契卖你，今日由母亲我代你做主，为你配婚。"随即招呼新郎上来和女儿拜堂。

女儿初听一愣，羞羞答答不好意思，继而想母亲已经做主，又看新郎人品也不错，就欣然同意了。

再说，女婿在家闻讯妻子又跟人结婚了，恼羞成怒，竟跑到官府去控诉。太守江于九接到诉状后，即发传票传原告被告两方人来对质。

新郎家人拿出浪荡女婿卖妻时鉴押的契书交太守检验，老太婆也把事情前后因果全部讲了一遍。

江于九听了老太婆的陈述，不禁拍案叫绝道："想不到世上竟有如此有胆有识的老妇人，实在可嘉！"又唤来浪荡女婿，厉声斥责道："你自己立契卖老婆，为什么拿岳母顶杠？伤风败俗，不义不孝，太不像话了！本应重重杖责，没收全部财礼，以示惩戒。现在，念你已失去妻子，姑且从宽处置，免予杖责，只没收你财礼钱一半，以供你岳母在女儿家养老之用。"

宣判完毕。浪荡女婿被赶出门外，垂头丧气地走了。周围人群无不拍手称快。

■ 书生顶替：知县改点鸳鸯谱

清朝初年，江苏吴江县西洞庭山有家富户，主人名叫高赞，生有一儿一女，儿子叫高标，女儿叫秋芳。这一年，秋芳一十六岁，出落得像朵花似的，而且琴棋书画样样精通，女工更是百里挑一。高赞对女儿十分疼爱，一定要挑个美貌的读书人做女婿，聘礼厚薄不计较，如有好的人才，就是赔钱嫁过去也情愿。

却说吴江县城郊外有个叫颜俊的，祖上是个财主，父亲已经过世，家中只有一个老母亲，靠父亲留下的田产度日，日子过得十分殷实。只是他长得十分丑陋，腹中没有半点文才，却挑三拣四，只想娶个貌美的女子。另外，颜俊舅舅家的公子钱青父母早丧，生活贫困，也在颜家借住读书，这钱青长得英俊潇洒，只比颜俊小三个月。

颜俊听说高家姑娘貌美手巧，癞蛤蟆想吃天鹅肉，央求他的远亲尤辰前去说媒。这尤辰原是种田的，后来借了颜俊二十两银子，做起了贩卖柑橘的生意。听到颜俊让他去说媒，不禁笑出声来说："大官人，有句话别怪我说得难听，有很多长得比你强几倍的公子去求婚都被拒绝，像您这副尊容，就连高赞这一关也过不了。"

颜俊一再央求说："是媒三分虚，你不会多说些好话吗？事成后，借我的二十两银子不要了，另外还有赏银。"尤辰听到这话，便答应试一试。

第二天，尤辰来到洞庭山高赞家替颜俊求婚，一阵吹嘘，还真让高赞动了心。高赞让尤辰赶紧带颜公子前来相见。

尤辰回到颜家，告诉了颜俊。颜俊欣喜若狂，但又不敢前去。一连几天都吃不好饭，呆呆地发愣。这天正好钱青从他房前经过，颜俊一下来了主意，便让人叫来尤辰。

尤辰忙问："什么主意？"

▲ 浮雕媒婆

颜俊说："我表弟钱青才貌双全，让他假冒我前去，你看如何？"

尤辰说："如此甚好，只怕钱官人不肯去。"

颜俊说："他和我是近亲，又吃我家的，住我家的，这个忙不能不帮。"

钱青得知此事，便说："这件事恐怕不大行，即便暂时蒙过去，以后总要知道的。"

颜俊说："哄过一时就行，等行过聘，即使拆穿了也不怕。"

钱青实在为难，冒名顶替，实在不是君子所为，如果不去，面子上又过不去。反复斟酌后，才勉强答应。

次日，钱青便换上颜俊准备的新衣服，跟随尤辰来到高家。高赞见钱青高大英俊，风度翩翩，谦虚诚实，已有招婿的意思。又叫来家塾先生试探了钱青的学问，钱青对答如流，而且还将先生问得哑口无言。高赞命丫鬟唤出秋芳，秋芳一见倾心。高赞便将婚事答应下来，并择定吉日，十二月初三让颜俊迎亲。

尤辰带钱青回去复命，颜俊十分高兴，免了尤辰的欠银，又赏了五两银子。吩咐家仆，准备彩礼，到日前去迎亲。

尤辰听到便说:"大官人,不可,相亲是钱公子去的,迎亲换了你,不就露馅了吗?反正回来拜堂,不如让钱公子再辛苦一趟。"颜俊无奈,只好又依了他。

钱青听了颜俊的话,便说:"上次代兄相亲,还不太当紧。这次前往迎娶,是个大礼,这事万万使不得!"

颜俊说:"贤弟说得有理,但上次是你代我去的,他们已认得你,你帮人帮到底,出了事我担着。"钱青无奈,只好从命。

初三一大早,颜俊租了条上好的客船,早早打发迎亲队伍往高家开去。高家大开筵席,亲朋满座,张灯结彩。明烛高照,一派喜庆景象。转眼到了该上路的时候,谁知湖面上大风骤起,根本无法行船。众人只得回到房里,重新入席,等大风稍缓一缓再走。哪料到风越刮越大,且飘起了朵朵雪花,直到天气已晚仍没有停下。

高赞的老邻居出主意说:"依老汉愚见,令婿既然就在此地,何不就在此地举行婚礼呢?"

大家一听,都说这主意不错,高赞心里原也有此想法,连忙派人去操办洞房花烛之事。

钱青一再推辞,尤辰也百般阻拦,高赞哪里依他,就这样钱青与秋芳拜了天地。

夜深人静,新人被送入洞房。钱青和衣坐到天亮。新娘觉得是钱青新婚害羞,没放在心上。

天亮后,雪仍然没停。就这样住了三天,钱青仍旧和衣而坐,没碰新娘一根毫毛。秋芳十分生气,但又不便说出。

第四天,天气放晴,迎亲队伍回到颜家,早已等得心焦的颜俊迎到村外,劈头便问尤辰为何来迟,尤辰便将情况告诉了他。

颜俊问:"既然已结了亲,那么这三个晚上钱太官人难道就在新房里和新娘一起睡的？"

尤辰说："钱大官人说自己三天都是和衣而坐，没碰过新娘一下。"

颜俊骂道："放屁！鬼才信呢！你为什么不叫他推辞掉，却做下这种丑事！"便将尤辰骂了个狗血喷头。又去找钱青算账，钱青一再争辩，颜俊就是不信。

正在吵吵闹闹的时候，吴江县知县恰巧路过这里，便走过来，问明了原因。吩咐手下将一切有牵连的人带到县衙。

知县升堂，经过审问，弄清了缘由，又令女忤作查验了秋芳，果真还是女儿身。便当堂判决：高家小姐判与钱青为妻，不须另再拜堂；颜俊设局骗亲，后来还动手打人，判其当初所出聘礼赞助钱青，以赎骗亲、打人之罪；尤辰做媒欺瞒太甚，重责三十板以示处罚。

高赞见知县如此判决，很是高兴，便让钱青到他家读书。后来钱青果然一举成了名，夫妻两人也十分恩爱，日子过得非常美满。

■ 辫子姻缘：才子佳人订终身

清朝末年，徐州北有三个村庄：王庄、李庄、赵庄，各庄相距三里之遥。这年开春，王庄唱大戏，周围村庄的男女老少都去听戏看热闹，结果引出一段传奇般的故事。

赵庄有个青年秀才叫王学文，时年十九岁，留着一条辫子，又粗又长，人称辫子王。这天午后，他出去听戏。台下人山人海，十分拥挤，台上开场锣鼓一定锤，门帘一挑，出来个刀马旦，一番表演，精彩逗人，台下阵阵喝彩。这时王学文正站在中间，辫子被挤到胸前，他晃了晃膀子，把辫子撩起往身后一甩，觉得被啥挂住，一回头，见辫梢儿正好卡在一个大闺女辫根儿的一只发卡上。那闺女羞得满脸通红，两根辫子卡在一起，越挣越紧，把王秀才拽得伸头扬脸！

闺女是李庄人,叫胡月婵,时年十七岁,父母过世得早,她自幼跟哥嫂过日子。胡月婵虽是小家碧玉,却长得花容月貌,人称"小西施"。她见辫子被一个青年男子缠住,又急又气,赌气一拽膀子挣开,挤出人群,不看戏啦!胡月婵一走,王秀才把自己的辫子撩过胸前,却见辫上有一个发卡,急忙取下。仔细一看,发觉是一只精制银丝龙凤卡。王秀才心想,这发卡准是那闺女的。论价,少说也值两石麦钱。他是忠厚老实的人,想把发卡还给人家。望了望闺女已挤出人群,王秀才不好意思大喊,也就挤出人群,追赶胡月婵去了。胡月婵嫂子刘氏,快散戏时不见了小姑子,听邻人说,月婵早走了,刘氏挂念小姑子,急忙赶回家去。月婵坐在床沿,两眼发直,像有心事。刘氏问道:"戏没看完,就一个人跑回家坐在床沿上发呆,有啥不顺心的事?"胡月婵听了,脸上一红,说:"没啥事,那戏没听头。"嫂子再三追问;月婵只是推说:"俺有点儿头痛,睡一觉就好了。"嫂子无奈,安慰几句,便回去了。

第二天一早,刘氏起来,到月婵屋门口叫了几声无人答应,对着门缝往里一瞅,只听她大叫一声:"哎呀,他姑上吊了!""扑通"一声坐在地上。丈夫胡月德闻声赶到,两膀子把门扛开,把月婵从梁上放了下来。胡月德夫妇平时最疼爱妹妹,这时直哭得死去活来,邻人闻讯赶到,都觉得奇怪。嫂子刘氏又在月婵的枕下发现一根头发辫子,大家

▲ 清代男子均须束发

觉得内情更复杂，须报官查断。于是，胡月德夫妇拿了辫子，赶往徐州府衙喊冤。

徐州知府张文远是个清官，听了申诉，又把辫子看了一阵，见辫子又粗又长，是青丝绒线扎就的，断定是男子的。这案子牵扯到男女的风流之事，只需找到辫子的主人，便可摸清线索。于是，张知府即刻吩咐差役抬轿，到出事地点验尸并清查少辫子的人。张知府验尸之后，确认胡月婵系自缢身亡。又把邻近几个村庄的青壮年男子清查一遍，查出王秀才头裹毡巾，没有辫子，张知府命把王秀才传来问讯。知府拿出辫子，道："王秀才，你可认得此物？"王秀才看了，立刻满面通红，将头低下："回府台大人，辫子正是学生的。"张知府听后，在公案后立起，生气地质问："你身带朝廷功名，不好学上进，反而致使民女胡月婵自殉身亡，你可知罪？"王秀才听后，大吃一惊，跪在地上，连呼："学生冤枉！"知府一拍惊堂木，喝道："凭空告冤，何据之有？如真的有冤情，快如实讲来！"王秀才忙把昨晚听戏之事细说一遍。

原来，胡月婵赌气离开戏场往家奔去，王秀才也挤出人群在后追赶。胡月婵一阵飞奔来到家门，掏出钥匙打开院门，反手把大门闩上。王秀才走至门前，推门不动，叫苦不迭："俺好心送还发卡你却不识好歹，把俺拒之门外！"胡月婵在院内一听，伸手一摸，她头上的发卡真的没了，凑到门缝一看，果见王秀才手中的发卡正是自己的。心想，这个人故意将俺的发卡拔去，又假装正经给俺送来，准是没安好心，寻机存心戏弄俺。哼！我胡姑娘也不是好惹的！既如此，就别怪俺不懂事了，我叫你哑巴吃黄连，有苦说不出。想到此，就对门外说："俺家没人，俺不能让你进来，免得别人闲言碎语。你既有心，就将发卡别在你辫子上，俺从门缝取过就是了。"王秀才为人忠厚，遂按胡月婵的吩咐，别好发卡，背靠门缝，静等胡月婵取发卡。

　　胡月婵说话时，早从屋内针线筐中拿过一把剪子，轻轻拉开门闩，闪出一道门缝，一手张剪，一手捋辫，"咯吱"一声，王秀才的辫子被剪掉了，胡月婵"哐当"一声把门闩严。王秀才哪会想到这样的事，只觉得脑后一凉，发现辫子被剪，实在好恼。怎奈在人家门前，对手又是黄花大闺女，这事怎说得清？只得抱头回家，蒙头大睡。王秀才叙说完了，再三申诉："学生当时实无不端之举，胡小姐之死，俺是半点不晓！"张知府看王秀才不像拈花折柳的风流之辈，于是说道："此案照你说来，为一发卡引起，你送还发卡本出于好意，并无越轨之行为。可那胡氏小姐为何对你荒唐？小姐已死，无人做证，刚才只是一面之词，纵然情屈理不屈，你还是不能逃脱干系的。本府据情初断：王学文功名在身，因发卡事殃及民女胡月婵自缢身亡，应革去秀才功名；另出纹银百两，即日亲临胡家为胡小姐举丧；待查实后，再行公判结案。"

　　王、胡两家遵判，各自带去。王学文回到家中，向父母说明此事，带了银子到胡家，备办了衣衾棺木，当晚将胡月婵成殓。当时邻人建议为娘舅留下棺扣，待明日见上一面。

　　王学文操劳一天，珠泪不干，与胡月德夫妇商议，甘愿为小姐守灵。胡家夫妇见王学文为人正派，就不难为他，答应了他的请求。

　　入夜，王学文守在灵旁，哪能入睡。不觉夜近四更，王学文想到，胡小姐身亡，弄得我革去功名，立下悬案，真相难白，落得身败名裂。想想无脸活在人世，倒不如早赴阴曹，寻着胡小姐，当面给她赔礼，也比在人世苟且偷生要好得多。可那胡小姐是啥模样呢？就当天隔门说话，没能细看，我须认清她面目方可。又想到，我须把意愿写成遗书，然后到外面去死，免得给老实的胡家夫妇留下后患。想到此，王学文找来白天写挽联用的笔纸，就着灵前长明灯，写好遗书，放在灵桌上，之后双手将棺盖搬开，一手端灯，一手将胡月婵的头扳起，对着胡月婵仔细观察起来。事情凑巧，胡月婵被王学文这一搬动，却把胸中的一口痰推开，只听得胸中作响，不一时胡月婵便咳出声来。王学文正端详胡月婵的面容，只听她喉中微微喘息，心中一惊，又见胡月婵双眼慢慢睁开，立即吓得扔下手中的灯，大喊道："快来人哪！"胡月德夫妇闻声赶来，把胡月婵从棺材里架到床上，他们见妹妹死而复生，又听王学文叙说了衷情，又惊又喜，嫂子端来一碗热汤让月婵喝了几口。精神稍定，月婵见王学文在一旁流泪，想是自己的死连累了他，又是一阵羞愧，随后说出自己寻死的经过。全家人听后，都说王学文是个好人。

天明后，胡月德夫妇用车推着胡月婵，同王学文来到徐州府衙销案。王学文先向知府大人叙说了胡月婵死而复生的经过，胡月德夫妇又呈上王学文写的遗书做证。胡月婵接着说出了她寻死的原因。王学文是真心送还发卡，因自己一念之差，剪了人家的辫子，正坐在床沿上思过之时，嫂子赶来，接连追问，月婵误以为嫂子已知此事，寻思一个闺阁秀女，做出这种让人嗤笑之事，张扬出去，怎还有脸见人，一时想不开，便寻了短见。知府张文远听了，沉思片刻，面带笑容说："至今此案已真相大白，王学文乃仁义之士，本府理应恢复他的秀才功名。"知府环视堂下一番，又说："依我之见，王秀才品德上乘，才貌出众，胡小姐秉性刚直，一派芳容，二人堪称才子佳人。据悉，你二人均未订终身，天作之合，才有今番一段故事。我看此事可顺水推舟，亦成就一段风流韵事，本府愿你二人结为百年之好，不知你们意下如何？"

王秀才和胡家人听了，都点头称是，当即谢了知府。张知府一时高兴，取过文房四宝，赠了一道诗作贺：

发卡牵线结缘由,

割发原为误报仇;

羞死哭活双钟情,

辫子姻缘传风流。

■ 失而复得:有情人终成眷属

　　清朝乾隆年间,在江西省星子县的一个村庄子里,住着一户人家。老人姓杨,家境比较富裕。杨翁年近半百时,喜得一子,取名杨喜贵。杨喜贵从小听话懂事,对父亲非常孝顺。杨翁为儿子娶了个童养媳,唤作杨氏。杨氏性情温顺,与杨喜贵情投意合。杨翁看到他们已经成年,就准备为他们完婚。结婚这天,亲戚朋友来得不少,杨翁很高兴,多喝了几杯酒。新郎、新娘入洞房后,杨翁也就睡觉了。第二天,杨翁起得比较晚。起床后,杨翁收拾收拾昨天的杯盘,做好早饭,等着儿子儿媳吃饭。可等了好长时间,也不见二人起床。杨翁感到有点奇怪,就走到新房前,大声呼喊儿子喜贵。喊了几声,没人答应。杨翁开始害怕起来,推开门,看见新娘赤身裸体地躺在床上,一动不动,新郎杳无踪影,不知去向。杨翁吓得大叫一声,跑出门外,喊来街坊邻居。大家壮着胆子,摸摸新娘脉搏,没有跳动,听听鼻息,气息全无。检验新娘尸体,没有伤痕,只是在被衾上遗有房事的痕迹。邻居们四处寻找杨喜贵,找了一天,不见其踪影。这真是乐极生悲。杨翁原指望儿子儿媳幸福美满,白头偕老,自己早日抱上个胖孙子。哪料到,祸从天降,新婚之夜,儿媳莫名其妙死去,儿子生不见人,死不见尸,只剩下自己形影孤单,长吁短叹。无奈,杨翁一面派人去新娘家报信,一面为儿媳料理丧事。当时,正值盛夏,尸体无法长期存放,杨翁买口棺材,将儿媳草草入殓。三天后,新娘的父亲来到杨家。亲家责备杨翁为什么不等自己到来，就将女儿埋葬。杨翁回答天气太热，尸体无法久存。又问女婿现在何处，杨翁说自己也不知道。新娘父亲心中顿生疑窦，认为是杨翁父子俩害死女儿，然后把杨喜贵藏起来，匆忙埋葬尸体灭迹。新娘的父亲告到县衙，要求开棺验尸。县令命小吏随杨翁开棺，结果，新娘尸体不翼而飞，取而代之的是一个六七十岁的老头的尸体，须发皆白，背部有斧砍的痕迹，杨翁越发惊骇。县令升堂问案，杨翁茫茫然不知所措。县令问棺材中死者何人，儿子到哪里去了。杨翁一口咬定不知道。县令大怒，认为杨翁狡辩抵赖，命令衙役大刑伺候，把杨翁一顿拷打，也没问出个究竟来。县令命人把杨翁押入大狱。县令看着从杨翁那里得不到什么东西，就贴出布告缉拿杨喜贵，派人四处查询死者姓名。一个月过去了，毫无进展，既无人来认尸，也没捉到杨喜贵。

正当案件陷入山穷水尽的境地，有一天，杨喜贵前来自首。县令命令升堂，衙役侍立两旁，虎视眈眈。堂前摆满了刑具，以示恐吓。杨喜贵供称自己无意间害死妻子，与父亲无关。自己甘愿服刑，只请求释放父亲。细问犯罪过程，才知道那天晚上，杨喜贵进入洞房后，与新娘上床睡觉，由于二人在一块儿已经生活了许多年，两情相悦，甚为欢喜。这次，明媒正娶，正式结为夫妻，少不得初识云雨。房事后，二人互相拥抱，说些悄悄话，杨喜贵想跟娇妻开个玩笑，就偷偷掐新娘的神潭穴。新娘大笑不止，过了一会儿，新娘笑声忽然停住，躺在床上一动不动。杨喜贵急忙下床，掌灯一看，新娘已经死了。杨喜贵大惊失色，仓皇逃跑。后来听说父亲被捕下狱，不久将要抵命，所以前来自首洗刷父亲的不白之冤。原来，杨喜贵以理发为生，能以推拿按摩为乐，但是只知道这是恶作剧，不懂得解法。县令察看杨喜贵并不像狡诈之徒，所言也合乎情理，就释放了杨翁。把杨喜贵抓进狱中。

新娘猝死之谜已经解开，但是棺材中的女尸如何变成男尸，新娘的尸体又到哪里去了，仍是个谜。县令想了一夜也没想出好办法，只好命人四处张贴布告，通知死者家属前来认尸。20多天过去了，仍无人前来认尸。县令也无计可施，一筹莫展。这个案子似乎无法进展下去了。

杨翁被释放后，回到家中。杨翁怨苍天不公，老天无眼。杨翁有个妹妹，嫁到建昌县。杨翁的妹妹听说这事，担心哥哥整天闷闷不乐，会闷出病来，就让儿子把哥哥接到自己家中。杨翁在妹妹家中住了几天，对狱中的儿子放心不下，辞别妹妹回家。为早日到家，杨翁抄小路兼程赶路。这天下午，来到周溪。这一带山高林密，人烟稀少。杨翁远远看见一年轻少妇在溪边洗衣。少妇的体态举止很像自己的儿媳。杨翁感到很奇怪，就朝少妇走去。走到少妇面前。仔细端详，果然是自己的儿媳。古时候，人们迷信，相信人死后会变成鬼。杨翁心中害怕，两腿发颤，转身想跑。这时候少妇也发觉有人，抬头一看，惊讶地说："这不是公爹吗？你是怎么到这里的？"杨翁惊疑未定，大声问："你到底是人，还是鬼？"少妇惨然一笑说："我不是鬼，请公爹到屋中再说吧。"杨翁跟着她走入一间草屋。小屋中摆了木匠所用的家什，看样子不像种田人住的地方。杨翁进屋后，迫不及待地问："你怎么到了这里？"少妇痛哭了很长时间，才止住哭声，对公爹叙述了一切。原来，新娘并没有死去，被匆忙埋入荒地后，半夜醒来，发现自己已被埋，就大声呼喊救命。恰巧建昌县有两个姓寇的木匠拂晓路过这里，听到喊声，就掘开坟墓，把新娘救了出来。听语气，二人是叔侄俩。侄子见新娘年轻貌美，顿起邪念，打算把新娘带回家中占为己有。叔叔执意不肯，大骂侄子狼子野心，给侄子一个大嘴巴，转身询问新娘的住处，想送她回家。侄子恼羞成怒，趁叔叔不备，拿起做工用的斧子，朝叔叔的背上猛砍数斧，叔叔当即毙命。侄子把尸体放入棺材。掩埋好，逼着新娘随自己来到这里。新娘不敢拒绝，被迫做了木匠的妻子。这一天，木匠正巧出门做工，新娘到溪边洗衣，碰巧遇见公公，这真是天意如此。如果杨翁不到妹妹家小住几天，如果不抄小路回家，如果木匠不外出做活，杨翁就遇不上新娘，新媳妇也就永远见不了天日，这个案子也无法可破。新娘说完，放声大哭，对杨翁说："儿媳之所以苟且活着，是为了把这件事告诉大家。现在如愿以偿，儿媳也无颜活在世上，让溪水洗刷我的清白吧！"杨翁听完儿媳的叙说，老泪纵横，安慰她说："孩子，你不幸遭遇此强暴，你有什么罪过呢？你不回家，这个案子就破不了，你丈夫如何能出狱？现在应该马上离开此地。如果贼人来了，咱俩全完了。"杨翁带着儿媳匆忙赶路，快到家时，迎面走来一个青年，背负斧锯，哼着小曲，神情好不得意，等看见新媳妇，大惊，想把她夺回去。新媳妇大骂："我一向软弱，被你劫走，幸天可怜，让我与公爹相遇，你死在旦夕，还敢像从前那样胡作非为吗？"杨翁明白这人就是那个木匠，上前与之撕打。村中人闻讯前来相助，把木匠捆绑起来，送往县府。杨翁带着儿媳，前去做证。

到了衙门，木匠对自己的罪行供认不讳，于是县令释放了杨喜贵。新娘见丈夫戴着沉重的枷锁，脸色憔悴，不禁掩面哭泣。县令哀怜新娘如此痴情，又能为丈夫雪冤，就宽恕了她，又命杨翁带她及儿子回去仍旧结为夫妻。

第二节　法外开恩

■ 拾金不昧：平白得钞十五沓

元朝时，某乡菜贩毛春挑着空担去集市买菜，忽然脚下一个绊，低头一看，原来是一捆钞票。其时天未明，毛春连忙拾起来，藏身于僻静之处。天亮后一看，面额有一贯一张的，有两贯一张的，也有五贯一张的，都整整齐齐地分类扎成一沓沓，共计十五沓。毛春大喜过望，当下抽出一张五贯钞，买了两贯钱的肉、三贯钱的米，高高兴兴地挑回家中。

母亲王氏奇怪地问："你今天怎么回来得这么早？哪来的钱买回这么多的米与肉？"

毛春抖抖钞票，得意扬扬地说："今天早上拾了一大笔钱，只用一张，就买了这么多东西。"

王氏大怒道："胡说！人家纵有遗失，也不过一张两张，哪有失

▲ 元代铜钞版

掉一捆钞票的道理？你老实说，是不是偷来的？"

毛春赌咒发誓，几乎流了眼泪，王氏这才相信了，但是马上又说："既然是拾到的，那就赶快送还给人家。"

毛春哪里肯依，王氏甚为恼火，厉声道："你如不去送还，我就向官府自首！"

毛春这才嗫嚅着说："路边拾来的钞票，你叫我去送给哪一个？"

王氏道："你在哪儿拾的，就到哪儿去等候，失主来寻时，你就还给他。"毛春这才带着钞票回到原处。

过不多久，果见一人神色仓皇地前来询问。毛春毕竟经验不足，也没有诘问他丢失了多少，就双手捧上钞票道："你丢的钱在这儿。"那人喜不自禁，低着头慢慢点数。

围观者都啧啧夸赞毛春拾金不昧，又七嘴八舌地劝失钞者稍稍拿出一点儿酬谢毛春。

哪知失钞者是个爱钱如命的吝啬鬼，哪里舍得再分给别人？但眼下的场面如何应付呢？

他眉头一皱，计上心来，抬头对众人道："我一共遗失了三十沓，还有一半尚未寻回，怎么能酬谢？另外一半你肯定也拾到了，何不一并送还给我，我一定重重谢你！"

毛春气得目瞪口呆，半天说不出话来，围观者也都愤愤不平，异口同声地指责失钞者存心讹诈，恩将仇报。失钞者则一口咬定失去了三十沓。大家都怂恿毛春到公堂上与他辩个黑白。失钞者此时也知脱身不得，只好硬着头皮与毛春对簿公堂。

县令聂以道立即升堂审讯，不消多时，就从言谈举止中看出，失钞者是个奸刁狡诈的商人，拾钞者则是个老实巴交的村民，于是说："你们二人各执一词，何不将详细经过写下状来，待本官细细审查。"

二人遵命低头写状，聂以道就暗暗将毛春的母亲唤来询问，前后经过与毛春所述完全相同。

这时，二人的诉状都已写好，签字画押后，聂以道将两份诉状比对一番后道："失钞者失去三十沓，拾钞者拾得十五沓，数字不相符，如此看来，拾者所拾之钱，并非失者所失之钞。"

回头对王氏道："这十五沓钞票是上天恩赐给贤母养老，让你欢度晚年的，你也不必再推辞了，让儿子拿回家吧。"

又对失钞者道："你丢失的既然是三十沓，何不赶紧到原来的地方去等候，也许过一会儿就会有人来送还的。要不然，你的钱就是丢失在别处，你自己去慢慢寻找吧。"

失钞者眼睁睁地看着毛春挟着一沓沓钞票，搀着母亲走了，却又无可奈何，只得垂头丧气而去。

围观的群众无不拍手称快。

■ 为父报仇：衡平情法人称颂

山东某县有个人叫龚大大，由叔叔抚养成人，娶妻立室。一天，其叔龚立民怀着十分悲愤的心情对他说，"孩子，你已长大成人，为叔应该把你家的悲惨遭遇说给你听了。你父亲叫龚泰世，母亲是龚王氏。那年，你父母在田里干活，遇见了本县恶霸杨世南。杨世南见你娘年轻漂亮，顿时就起了歹心。先是用钱引诱，要你爹将你娘卖给他当小老婆，遭到你父亲的坚决拒绝。一计不成又生一计，诬陷你爹是一盗案的同案犯，与盗贼一起偷了孙樊源家的东西。昏官与恶霸穿的是一条裤子，就这样将你爹无故地投进了监狱。恶霸杨世南还不罢休，他竟买通了狱吏，用毒药将你爹毒死，然后在光天化日之下，将你娘抢了去。当时，你刚四岁，你妹妹更小。如今你要牢记这笔血债，为你爹妈报仇啊！"龚大大听完叔叔的述说，满腔悲愤，跪在地下挥泪欲绝，发誓要为父母报仇。

三年以后，龚大大添了一个儿子，龚大大想：龚家有了后代，报仇的时候到了。他决定去找杨世南讨还血债。

一天，他抱着儿子，对妹妹说："恶霸杨贼，杀害了我们的父亲，霸占了母亲，此仇不报，非龚家的子孙。我此去如遇险恶，请你一定要照顾好这根独苗！"妹妹刚想劝阻，龚大大已放下孩子夺门而出了。他当夜躲在杨家附近，趁杨世南一人外出时，便冲上前去抓住杨世南不放，用腰带将其活活勒死。

出了人命案，龚大大被地保（注：系乡村负责人员）扭送到县衙门，县官审定判处绞刑，并报上司。上司张船山受理此案后，调阅了该县乾隆十八年孙樊源家失盗案的卷宗，又亲自讯问了被告的叔叔龚立民、妻子龚朱氏以及龚大大之母龚王氏。龚王氏现名杨王氏，据她供认：乾隆十四年嫁给龚泰世，当时是二十一岁，在龚家生了一子一女，四年后即乾隆十八年被杨世南抢夺成亲，做了他的第三房小老婆，后来为杨世南生了两个孩子。查案卷记载，果然有龚泰世"勾通盗贼"和"暴病死亡"一事，因此证实杨世南收买狱吏毒死囚犯龚泰世之事确实无疑。

通过调查，被告龚大大为了报父之仇，杀死恶霸杨世南的案情已经十分清楚。根据事实，张船山主张对被告龚大大从轻处理。当时的大清律规定：杀死人者，斩立决。有故者，减一等；挟恨报仇、出于义愤者，再减一等。康熙八年，皇上根据陕西甘肃总督的奏报批复：心为父母报仇，而杀死人的，按照挟恨报仇，情出义愤的规定，判处绞刑。康熙三十二年又批示：儿为父母报仇的，应先报官控诉，如不得胜，再图报复，违者以擅自杀人者处决。雍正五年批复，凡为父母报仇杀死仇人者，无论是否报官，一律处以绞刑。县官吴公就是根据这条判处龚大大绞刑的。但张公认为，如果运用这几条法律来判处龚大大的仇杀罪是极不适宜的。原因之一是死者杨世南曾毒死龚泰世、抢夺龚王氏，使龚大大忍辱含羞，家破人亡达二十年之久，因此他今天杀了杨世南，不仅报了杀父之仇，也雪了夺母之恨，与通常的报父之仇应有所不同。且死者杨世南是当地的恶霸，而龚大大是一个普通的农民，打起官司来当然不是杨世南的对手。官司打不赢，杨世南反而有所戒备，龚大大想报仇也无从下手。所以他事先没有报官而擅自复仇，情有可原，且龚大大世代务农，又未读圣贤之书，耳未闻圣贤之教诲，全凭一股纯朴的孝心而杀了仇人，并非凶悍残酷之辈，而是仁人孝子。本朝素以仁孝治国，凡仁人孝子触犯了刑律的，也应该酌情减刑，以体现治国的根本。譬如顺治十二年根据圣上的批复，陕西巡抚判处孝子黄大伟因报母仇杀死宗用仪一案，按律减刑三等，杖五十，流放一千里。乾隆二十一年浙江孝子许有年打死孙剑秋、江苏的孙承甫打死李浩良、山西的阎百牛打死阎百序等案都以报父之仇而仅判处流杖。因此龚大大勒死杨世南，虽然事前未报官，但与上面的案例相同，即应减判为杖五十，流放一千里。

至于杨王氏，张船山认为她随杨家已有十七年，所生二子应随杨姓，如果她愿意归回龚氏门户，也应该出她自便。狱卒吕元标受贿杀人，按法律应斩首示众，但因他已于乾隆二十五年病故，因此无须追究刑事责任。前任县

▲ 犯人带枷锁

令周元旦，虽无贪赃枉法之事，但昏庸无能，严重失职，当杨世南诬陷龚泰世时，不能出来主持正义，揭发阴谋，反而将被告无故关入监狱，平时又不能严厉管教狱吏奉公守法，龚泰世被毒死后，只凭下面的一份报告，同意收尸埋葬。这种草菅人命，办事缺乏原则和主见的态度，有负朝廷的信任和委托，应予以撤职处分。

张船山的这些主张，上报上司后，被认为论理充分，既合民心，也顺民意，也不违背法律。得到了赞许。

■ 鱼刀杀盗，罪有应得

乾隆三十二年（公元1767年）正月的一天，在莱州（今山东掖县一带）一个滨海渔村中，有个渔民早起拾粪，在一条沟中发现一具尸体，急忙跑去报告地保。地保随又报告州府。

知州潘相带领役卒来到现场。这里离村庄约有一里多远，一具男尸俯仆在沟中，头朝西脚朝东。察看沟岸边，并无滚打搏斗痕迹。下沟后隐约可以看到有几个人的脚迹，绵延几十丈。

潘相命人把尸体翻过来。见身下有一块血污，头部脸部有多处刀伤。

潘相命人把尸体抬到岸上明亮处，细验伤口，又索来各种刀刃进行对比，认定是用一种剖鱼刀杀伤的。

潘相讯问站在一边的地保："死者是谁？"

地保答道："从发现尸体至今无人来认，不知是谁。"

潘相又问："谁家有这种鱼刀？"

地保答："本村是滨海渔村，一向以渔为业，家家都有这种鱼刀。"

这时，闻讯赶来观看验尸的村民们，已经把现场围得水泄不通。

潘相当众宣布："我马上到各庄各家去查验门牌，大家赶紧回去，准备好门牌，听候检查，不得有违。"

村民都回去了，潘相又暗暗指派几个可靠的役卒到村庄四面去守望，如发现有企图出逃者，立即抓来。

然后，潘相从村东头开始，逐家逐户地检查门牌，询问情况，查完门牌即令家长拿出鱼刀来检验。这样，一连查的十几家都从容地拿出鱼刀呈验，没发现什么可疑情况。

下一家是开小酒店的陈杰。潘相一行刚走进陈杰家，只见陈杰和他叔叔马上下跪，神色惊慌，潘相觉得可疑，询问他们家中情况，他俩哆哆嗦嗦竟半天说不出话来。

潘相让他们把鱼刀拿出来看看，陈杰结结巴巴地说："没、没有。"

潘相厉声道："你们藏匿鱼刀不交，就说明是你们杀的人。"随即命令役卒把他俩带回府去。

村里百姓见陈杰叔侄被带走了，都在旁边窃窃私语，有的说："怪不得这两天他们关了酒店门尽上外边去，原来是他们杀了人。"

还有的说："知州老爷这么快就查出杀人犯，真是包公再生啊！"

回到府中，潘相让役卒退下，单独询问陈杰，陈杰有点紧张，犹

▲ 古代手术刀

豫不敢说，潘相告诉他："刚才验尸时，我看那死者不似一般百姓，很像是强盗，如果杀死强盗，就算不了什么大罪，你就放心说出来吧。"

说罢，潘相命人解开陈杰的衣襟，见他胸部有拳打手抓的伤痕。陈杰这才敢说出事情的经过，他说："那天半夜，我在睡梦中被一种什么声音惊醒，仔细一听，好像有人从门外拔门闩。我便披上衣服起来，顺手摸了一把鱼刀，刚走到门边，一个人推开门闯了进来，对我胸口就是一拳。我差一点儿被他打倒，挥起鱼刀砍他的脸。我跟他撕打了一阵，终于把他砍倒在地。这时候，我叔叔也惊醒了。我们见把强盗砍死了，都好害怕。我们就把尸体抬到村外，扔到沟里。回到家里，我们把地上的血迹用铲子铲掉。"

"那，你的鱼刀呢？"

"藏起来了。"

潘相让兵丁去把陈家的鱼刀找来，仔细验看，发现上面的确有血痕。潘相又命人把这把鱼刀放到火上烧了一会儿，血痕在刀上更见得真切。

最后，潘相以"盗贼拒捕，格杀勿论"了结了这桩杀人案。

■ 情真意切：智判一女三配案

清光绪年间，上海县乡民杜某有一女，年已及笄，杜某做主，将其许配于同乡赵某。杜某之妻杜氏系一悍妇，因其夫没与她商量擅自将女儿许与他人，气愤不过，又将女儿许与钱某。杜女的舅舅听说外甥女要许人，又将杜女许配了他好友的独生子孙某。杜某对他们在背后所干的事一无所察。

三姓之子各有迎娶时间，月老也都持着聘礼到了。三家相争，各不相让。杜某亦难于决断，因此将此事告到了上海知县陆春江的堂上。陆春江接到诉状后，将他们这些人提至堂前。

陆春江先问杜某许婚情况，杜某曰："男有家，女有室，乃古之善训。女已年长而不许人，非礼也。因而将女儿许与赵家。"

问及杜氏二配情况，杜氏曰："怀胎十月，抱负三年，慈母之力最大，而其父可以擅将女儿许与别人，我又为何不可？"

问及其舅三配，其舅曰："女不更二夫，古今之主理也。其父其母将一女许与二人，我当舅舅的为何不可将她许与第三家呢？"

陆知县思忖片刻，问杜女："你欲选何人为夫？"

杜女曰："从其一，则负其二，负父母为不孝，负长老为不敬，我宁愿死！"

"你真愿以死尽孝？"陆知县故意问。

"愿意！"

"死者则不能得生，你可不要后悔！"

"决不后悔！"

陆春江一拍惊堂木，吩咐下人立即拿药物来，令杜女当堂喝下。片刻之后，疼痛难忍，倒卧于地。杜某、杜氏见此情景，不禁放声大哭。三姓之家亦目瞪口呆，相顾惨然。

▲ 惊堂木

陆春江眼望众人，厉声问："杜女已死，可有人愿意收殓？"

众人无言，唯赵某挺身而出："我愿收殓。"

陆知县问其缘由，赵某曰："我家穷，不能再娶。杜女不幸，香销玉殒，已先而去，唯薄棺素殓，

第八章
仕途艰辛——宫廷政变

所谓封建社会的宫廷政变，一般指在皇权统治下，宫廷内部或朝野上下为了争权夺势而发动的战争，有流血事件，也有不流血事件，有成功，自然更多的是失败。它通常不与皇权相终始，而是以人治为基础。

第一节　伴君如伴虎

■ 仗义执言：司马迁惨遭宫刑

李陵以五千步兵对抗匈奴八千骑兵，浴血奋战，杀敌万余人，战功赫赫，但最后因箭尽鼓破，后无援兵而兵败被俘。在武帝恼怒和群臣对李陵的责怪声中，独司马迁仗义执言，"推言陵功"。他虽然说了实话，对李陵做了实事求是的评价，然而却触怒了武帝，被处以宫刑。受刑后，他负辱忍诟，发愤著述，终于完成一部"究天人无际，通古今之变，成一家之言"的伟大著作——《史记》。

司马迁，字子长，汉左冯翊夏阳（今陕西韩城）人。司马迁出身于史学世家。他的父亲司马谈仕于汉武帝建元、元丰之间（公元前140—公元前110年），任太史令。司马谈学识渊博，不仅上知天文、下知地理、谙悉历史，而且对于春秋战国以来的诸子百家各个流派及其学说和主张，也都十分清楚，曾写文章论述阴阳、儒、墨、名、法、道德六家学说的要旨。这样的家庭，对司马迁的一生产生极大的影响。

▲ 司马迁

司马迁在他的出生地龙门，曾过过一段耕牧生活，使他有机会接近下层百姓，了解他们的疾苦。他10岁时，便已诵习古文，20岁时开始漫游，饱览了许多名山大川，东南到过会稽，南方到过湘江，东方到过曲阜，西方到过巴郡（重庆）、蜀都（成都）、益州郡（昆明）。足迹所至，遍及大半个中国。不仅扩大了他的知识视野，丰富了他的见闻，同时陶冶了他热爱生活，热爱祖国的情操，磨炼了他生活的顽强意志，父亲去世后的第二年，司马迁继续任太史，开始收集史料，着手撰写《史记》。

然而，当这部巨著写到一半时，李陵被俘，司马迁直言遭李陵之祸，被处以宫刑。李陵是汉初名将李广的孙子。武帝天汉二年（公元前99年）五月，派贰师将军李广利率领三万骑兵出征酒泉，与匈奴右贤王的军队在天山交战，共擒斩匈奴一万余人。回军途中，被匈奴兵重重包围。汉军因缺乏粮食，伤亡惨重。有十分之七的将士阵亡。这时，骑都尉李陵请命，愿率五千步兵，以少敌众，直捣匈奴单于王庭。李陵为了牵制匈奴，不使匈奴全力迎战贰师将军李广利的主力部队，便带领五千步兵出征居延以北。李陵在浚稽山与单于率领的匈奴军队相遇，匈奴用三万骑兵将李陵的部队包围。李陵屯兵两山之间，用战车围成营寨，亲自率领精壮士卒在营外列下战阵。匈奴见汉军人少，便直逼营前阵地。李陵身先士卒，率部肉搏，杀敌数千人。单于大惊失色，急召左、右两翼军八万骑兵前来围攻李陵。李陵率部且战且退，向南撤退。数日后，来到一座山谷中，汉军接连数战，士卒大多身带箭伤。李陵命令：受伤三处的坐在车上，受伤两处的驾驶车辆，受伤一处的手持武器坚持战斗，又斩杀匈奴3000余人。汉军继续南撤，来到一座山下，匈奴兵也尾随而至。单于亲自指挥战斗，命令他的儿子率骑兵向汉军猛冲。李陵率军在树林之中穿绕步战，又杀死匈奴数千人。

并用连弩机箭射单于，吓得他慌忙下山躲避。

李陵的处境越来越凶险。匈奴人马众多，一日接连战数十个回合，又杀伤匈奴2000余人。匈奴作战不利，打算撤兵离去。然而就在这时，李陵军中有一名叫管敢的军侯因受到校尉的欺辱，逃到匈奴军中投降。单于得到管敢，喜出望外，得知汉军并无援军，已弹尽粮绝。于是命令骑兵向李陵的军队发起猛攻，大喊"李陵、韩延年快快投降"，并派兵截其退路。汉军被困在山谷中，四周山上遍布匈奴的人马，箭如雨下。李陵率部拼死突围，继续向南退却，尚未到达鞮汗山，一天中50万支箭已全部射完，于是放弃辎重车辆，继续前进。此时军中还有3000将士，纷纷砍下车轴轮辐作武器，非战斗人员也手持短刀加入战斗行列。汉军退入狭谷中，单于率兵截断其退路并命令士兵将山中巨石滚入谷中，汉军死亡枕藉，难以前进。黄昏过后，李陵身穿便衣走出军营，止住左右随从说："不要跟着我，我要一个人生擒单于！"过了好长时间，李陵回到营中，仰头长叹说："我们失败，马上就要被杀死了。"于是将所有旌旗尽行砍倒，与珍宝一起埋入地下。李陵叹息说："如果再有数十支箭，我们就可以脱身了。现在已经没有武器，不能再战，天亮以后就只能坐等被擒了，不如各自逃命，或许能有人侥幸逃脱出去报告天子。"半夜时分，李陵命令击鼓叫醒将士，但战鼓已破，敲不响。李陵和韩延年跨上战马，有十几名精兵跟随。匈奴数千名骑兵随后追击，韩延年战死，李陵说道："我已无面目报答皇帝陛下了！"于是投降。其他人分散突围，逃回边塞的有400多人。

李陵战败之处距边塞仅100余里，边塞将领将此事报告朝廷。武帝本希望李陵能战死沙场，他却投降了匈奴，不由得勃然大怒。在封建皇帝的眼里，只有自己的命值钱，别人的命一文不值，所以他认为李陵不能战死就应自杀。满朝大臣献媚武帝，都归罪于李陵，也一致认为李陵应该自杀。武帝刘彻询问太史令司马迁对此事的看法,于是灾难降临在他的头上,他的看法恰恰是刘彻所不愿意听的。

司马迁说:"李陵对父母非常孝顺,对士兵非常爱护,平时常以杀敌报国为最大志愿,颇有国士的风范,如今不幸战败,而那些只知道保全性命和老婆孩子,没有冒一点儿危险的大人先生,却在一旁说三道四,挑剔他的过错,实在令人痛心。李陵以不满5000人步兵,深入沙漠,与匈奴8万骑兵对抗,转战千里,箭尽力竭,但仍冒着白刃反攻,部下毫无离心,自古名将,不过如此。李陵身虽被俘,却曾力挫强敌,也足以名垂天下了。而且我更相信,李陵忍辱而没有死节,绝非出自本心,他一定再找机会,报效国家。"

司马迁的这番话触怒了武帝,认为他"诅贰师而为李陵游说""因为诬上,卒从吏议"。司马迁之所以"推言陵功",虽然有出于对李陵的同情而为他辩解的因素,但就其初衷来说,是"谷以广主上之意,塞睚眦之辞",即宽慰宽慰皇上,也可堵那帮落井下石的"全躯保妻子之臣"的嘴。没想到他的"款款之遇""拳拳之忠"却不能为皇上所深晓。其实,即使武帝晓其用意也不行,因为司马迁"推言陵功",就等于对贰师将军李广利无功而不满,对皇上也就是不恭。李广利是皇帝宠妃李夫人的长兄,备受武帝宠信。司马迁在朝廷上大谈李陵的功绩,为他辩解,这不明明是说贰师无能,皇上用人不当吗?

然而,"醉翁之意不在酒""推言陵功""诅贰师""诬上",这都不是司马迁被宫刑的根本原因,根本原因还在于他写的《史记》。司马迁继承发扬了古代良史秉笔直书的精神和传统,"其文直,其事核,不虚美,不隐恶,故谓之实录"。《两京杂记》中记载说:"司马迁作《景帝本记》极言其短及武帝之过,帝怒,削而去之。后坐举李陵降匈奴,下迁蚕宝。"《三国志·王肃传》云:"汉武帝闻其述《史记》,取景帝及己本纪览之,于是大怒,削而投之,于今此两纪有录无书。"《后汉书·班彪传》引班彪《史记后传略论》说:"其论学术,则崇黄老而尊五经;序货殖,则轻仁义而羞贫穷;道游侠,则贱守节而贵俗动;此蕨大敝伤道,所以遇极刑之咎也。"通过这些记载可以清楚地看出,司马迁惨遇腐刑的真正原因并非所谓的李陵事件。他居然敢"贬损当世""极言先帝之短和今上之过",自然令武帝恼火,而在学术上,他又"崇黄老而薄五经",自然也和"罢黜百家,独尊儒术"的刘彻格格不入。由此可知。司马迁罹祸已是在所难免。

"行莫丑于辱先,诟莫大于宫刑。"遭受宫刑对于司马迁来说,是一种奇耻大辱,这不单单是对他肉体的摧残,也是对其精神上的折磨。他在给他的朋友任少卿的信《报任安书》中写道:"仆以口语遇遭此祸,重为乡党戮笑,以污辱先人,亦何面目复上父母之丘墓乎。虽累百世,垢弥甚耳!是以肠一日而九回,居则忽忽若有所亡,出则不知其所如往。每念斯耻,汗未尝不发背沾衣也。"司马迁受宫刑后,几欲自杀,但他很快就冷静下来,退而深思,想到了当初西伯被拘禁在麦里,推演出《周易》;孔子在陈、蔡遭到困厄,回到鲁国便作《春秋》;屈原被放逐,著作《离骚》;左丘双目失明,写出了《国语》;孙子被剔去膝盖骨,写成兵法;吕不韦因罪迁居西蜀,他主持编写《吕氏春秋》流传于世;韩非在秦被捕下狱,写出《说难》《孤愤》等篇;《诗经》三百篇,大都是圣贤抒发内心的愤懑而作出来的。这些都是由于"意有所郁结,不得通其道也,故述往事,思来者也。"他从前人的成功里找到继续生存下的动力。但鼓起他勇敢地生活下去的勇气,主要还是父亲的遗愿,要他完成《史记》。"人固有一死,或重于泰山,或轻于鸿毛。"司马迁树立了正确的生死观,他死得"重于泰山",用生命完成了《史记》这部开启百代的史学和文学杰作,为后世留下了一份十分丰富而又弥足珍贵的文化遗产。

司马迁所遭受的酷刑，并非孤立的偶发事件。由此可看出封建最高统治者的残酷本性。汉武帝在中国封建帝王中，尚是一个有作为比较开明的皇帝，昏庸愚腐者统治下的黑暗政治便可想而知了。

■ 尽忠报国：晁错无过遭斩

晁错是西汉杰出的思想家和政治家。晁错被斩，成为中国历史上的千古奇冤。他削藩的目的，在于维护西汉王朝的中央集权统治。然而景帝却迫于七国兵势的强大压力，听信谗言，诛杀了对朝廷忠心耿耿的晁错，办了件亲者痛、仇者快的蠢事。杀了晁错，七国并未因此而罢兵，景帝对此虽有悔悟，但已经无法挽回了。

晁错是颖川（今河南禹县）人，年轻时曾向轵县的张恢学习法家申不害和商鞅的学说。汉文帝时，天下没有研究《尚书》的人，只听说济南郡有个叫伏胜的秦朝博士，精研《尚书》，90多岁高龄了，因年老不能征召。于是晁错就被派去向他学习。学习回来后就向文帝讲述《尚书》的内容和他自己的见解，很得文帝赏识。当文帝先后下诏任晁错为太子舍人、门大夫、太子家令。由于晁错善于分析问题，而深得太子刘启的宠言，在太子家号称"智囊"。

西汉建立后，王国势力强大，成为统治集团内部的重大问题。西汉的政治体系，有郡县，有封国。封国有王、侯两级。西汉初年的王，势力很大。王国官吏，除丞相外，都由王来任免。王国的封地，多者一百多城，少者也有三四十城。汉初七个异姓封地的总面积，比朝廷直辖的郡县还多。异姓王中的韩信是个杰出的军事家，彭越和英布也都是立下赫赫战功的名将，他们拥有自己的武装军队。这使西汉朝廷感到很大威胁。公元前196年，韩信被杀。接着，彭越、英布也先后被杀。公元前

▲ 晁错像

195年，刘邦去世前，异姓王的问题已基本解决，只剩下一个长沙王国。公元前157年，因王死无后而废除了。

刘邦又以同姓王替代异姓王。他封了九个同姓子弟为王。他以为这是"天下一家"，朝廷从此便可长治久安了。因此，他规定："非刘氏而王，天下共击之。"他这些同姓王封地和权力也还是很大，并且随着社会生产力的发展，他们的经济力量和武装力量也不断增长。他们仍然对汉王朝构成威胁。公元前177年，济北王刘兴居反。公元前174年，淮南王刘长反。这些都是刘邦死后不到20年，文帝在位时的事情。

对地方诸侯王危害西汉王朝的问题，晁错与贾谊的看法是一致的。贾谊评论当时封国强大下的形势，说好比是害了臃肿的病，小腿肿得差不多腰一样粗，指头肿得差不多像胳膊一样，身体转动异常困难。他建议在原来的封地上增加封君数目，以分散其实力，使朝廷跟他们的关系可以像身之使臂，臂之使指。他的建议初步被采纳了，但没有认真去推行。晁错也曾多次上书文帝，提出削诸侯和改革法令的建议，文帝虽没有采纳他的建议，但十分赏识他的才能，把他提升为中大夫。当时，太子刘启很赞许晁错的建议，而袁盎等一些大臣对晁错则颇多非议。

后来，晁错提议削藩的奏书上报后，皇帝命公卿大臣、诸位侯王和皇族大家讨论，谁也不敢反对，只有窦婴公开表示反对，因此和晁错产生了隔阂。后来朝廷削夺了赵王的常山郡，胶西王的六个县，楚王的东海郡和薛郡，吴王的豫章和稽郡。晁错又更改了三十章法令，诸侯都叫嚣反对，憎恨晁错。

晁错提了削藩，对加强朝廷的统治确实有利，但办法也有些激进，自然要冒极大的风险。晁错的父亲知道后，从颍川老家赶到长安，对晁错说："皇帝刚刚即位，你当政为国家办事，侵凌削弱诸侯，疏远人家骨肉，引起大家的怨恨，你为什么要这样做呢？"晁错说："的确如此。不这样，皇上不被尊崇，国家就不得安宁。"晁错的父亲说："刘家的天下安定了，而我们的家就有危险啦，我还是离开你回去吧！"随即服毒药而死，临死时还说："我不忍心看到大祸临头。"晁错虽然明白父亲的劝告，也感到了危险的存在，但他已置生死于度外了。

朝廷大臣们正在议论削夺吴王的封地。吴王刘濞恐怕削夺无止境，就策划举兵反叛。于是，"七国之乱"以诛杀晁错为名，致使晁错处境更加危险，但偏偏在这个时候，晁错做事又欠妥当，引起景帝对他的怀疑。景帝与晁错商谈出兵平叛的事，晁错想让景帝御驾亲征，而他自己留守京城长安。这就不可避免地给景帝造成一种错觉，对他产生不信任感。再就是晁错一直与丞相袁盎水火不容，二人从不在一起说话，如果相遇，都有意避开。晁错升任御史大夫后，派官员审查过袁盎接受吴王贿赂的案件，认为他有罪，景帝下令不再追究袁盎的刑事责任，而把他削职为民。吴楚七国叛乱后，晁错还要进一步惩治袁盎，对御史丞、侍御史说："袁盎接受了吴王的贿赂，专门为吴王掩饰，说他不会造反。现在，吴王果然反叛了，应该定袁盎预知吴王反叛罪。"由于证据不足，晁错犹豫不决。但这件事情很快传到了袁盎那里。袁盎惊恐万状，连夜求见窦婴，对他说明吴王叛乱的原因，希望能面见景帝，当面说明原委。

窦婴入宫奏报景帝，景帝就召见了袁盎。当时景帝正与晁错商议所需军粮的数目。景帝问袁盎："现在吴楚叛乱，你觉得局势怎样？"袁盎回答："吴楚叛乱，不值得担扰！"景帝说："吴王利用矿石就地铸钱、熬海水为盐，招诱天下豪杰。他一直筹到头发都白了。如果他没有策划的十分周密，能贸然行事吗？你怎么能说他无所作为呢？"袁盎说："吴王确实铸钱、煮盐，但那都是为了财利，哪里有什么豪杰被他招去呢？假若真的招到了豪杰，那只能辅佐他按仁义行事，也就不会反叛了。吴王招诱的都是些无赖子弟，无业游民及私铸钱币的坏人，所以才互相勾结而反叛。"晁错在一旁插言道："袁盎分析得很好！"景帝问道："应采取什么妙计呢？"袁盎说："我要说的话，任何臣子都不能听。"景帝只好让晁错退下。晁错退到东厢宫，对袁盎非常恼恨。袁盎对景帝说："吴王和楚王互相通信，说高皇帝分封子弟为王，各有封地，现在贼臣晁错自贬责任侯，削夺他们的封帝，因此，他们才造反，准备向西进军，共同诛杀晁错，恢复原有的封地也就罢了。现在只有杀了晁错，派使臣宣布赦免吴楚七国举兵之罪，恢复他们原有的封地，那么，七国的军队便会不战而退。"景帝没有考虑到，袁盎的话里包含着多少人的私怨，他只不过想借景帝的手，以退兵息战为借口，堂而皇之地杀掉晁错。景帝也不忍心杀掉晁错，沉默良久才说："不这样做，还有什么别的办法？我不会为了庇护他一个人而向天下道歉。"景帝为了保住皇帝的宝座，听信了袁盎的话，而使晁错成了无辜的牺牲品。于是，景帝就任命袁盎为太常，秘密收拾行装，做出使吴国的准备。

过了10天，景帝授意丞相陶青、中尉嘉延张欧上疏弹劾晁错"辜负皇上的恩德和信任，要使皇上与郡臣、百姓疏远，又想把城邑送给吴国，毫无臣子礼节，犯下了大逆不道之罪。晁错应叛处腰斩，他的父母、妻子、兄弟不论老少全部公开处死。"景帝批复说："同意所拟判决。"而晁错对此一无所知。景帝派中尉召见晁错欺骗他说坐车巡察东市，可怜晁错临死还蒙在鼓里，行至东市，晁错身穿官服而被斩。

晁错死后，谒者仆射邓公正担任校尉，领导征讨吴楚。向景帝上书报告战争情况,觐见皇帝。景帝问道:"你从军中来,听说晁错被杀的消息,吴国和楚国罢兵了吗?"邓公说:"吴王为反叛准备了几十年了,因削减他的封地而恼怒,要杀晁错只是反叛的借口,他的本意不在晁错啊!我担心天下之士缄口,不敢再进言了。"景帝说:"为什么?"邓公说:"晁错忧虑诸侯强大不可制服,所以建议削减诸侯封地以尊崇朝廷,这本来是造福万世的好事。计划刚刚实行,晁错就被杀害。这样,在内堵塞了忠臣之口,在外替叛逆的诸侯王报了仇,我认为陛下这样做是不可取的。"景帝默默叹道:"您说得对,我真后悔杀了晁错。"

晁错被杀后,七国之王并未因此罢休。用牺牲晁错和恢复封地的妥协法看来已不能使七国退兵,景帝只有采取军事手段,来平定叛乱。吴王刘濞兵败自杀,七国之乱不到三个月就被平息了。

晁错虽然被冤杀,但他提出的一系列改革措施,却被景帝采纳。七国的失败,使西汉王朝形势更加巩固。景帝乘机收回各封国的行政权和军权,中央政府的权力大大加强。

■ 寒朗死谏:谋反案牵涉无辜

东汉永平八年,汉明帝曾有一晚梦见西天佛祖。第二日早朝,明帝一说这事,大臣们为他圆梦,都说这是汉朝中兴的吉兆。于是汉明帝派人西去,求取佛经。并将原来位于洛阳城西的鸿胪寺改建成大寺庙以供奉真经。因为佛经是用白马驮回来的,所以这座寺庙就叫白马寺。从此,佛教就在中国传播开来。

明帝命人取经不过是为太平盛世做些粉饰而已,并不是关心佛教的发展。可是他的胞弟楚王刘英对佛教十分重视,还专门派人到白马寺去学习佛法。但是他却又请了几位方士回府,制作金龟玉鹤,命王平、颜忠绘制图书，雕刻玉玺。妄想佛祖保佑自己登上帝位，同时还私设官位，把许多官吏都编入自己的花名册。

谁知，没过多久，此事便被人告发。明帝得知，龙颜大怒，下旨将刘英的王位削去，对方士王平、颜忠等人严刑拷打，查办所有参与谋反的人。

刘英被削掉封号，贬至丹阳泾县，不久就服毒自尽了。而被此案牵连的人，上至王公大臣，下至地方官员，有一千多人被杀，两千多人入狱。当时的吴郡太守尹兴因为被刘英列入名册，亦被牵连在内，而其下属也涉嫌入狱。

尹兴的下属中，主簿梁宏、功曹驷勋、门下掾陆续认为自己没有参与谋反，始终不肯认罪。狱卒们看这三人被打得皮开肉绽也不肯开口认罪，心下又是敬佩，又是可怜，劝道："你们现在横竖都逃不过一个死字，还不如及早认罪，免受皮肉之苦。"陆续听后，立时反驳道："吾辈自幼读圣贤之书，当行仁义之事，食君之禄，当为君效忠，怎能做出这种大逆不道之事。如果我们胡乱认罪，不仅毁了一世的清白，连子孙后代都会受累，为人不齿。"

却说陆续的母亲关心儿子的安危，从吴郡赶到洛阳，知道儿子正关押在大牢，可罪名已立，难逃一死。陆母心想陆续从小就为人宽厚，知书达礼，绝对不会做出这等事来，难道就这样白白丧了性命。于是她便去探监想见儿子一面，可陆续是朝廷重犯，无法进去。这一日，她为儿子做好饭菜，又去探监，有一个狱卒见她可怜，替她把饭菜带了进去。

陆续刚刚受过刑，回到牢中，当他打开饭盒时，不由得放声痛哭，泪流满面。狱卒看见，惊奇地问："往日里任他严刑拷打，都不见你皱一下眉头，叫一声苦，今日为何这般模样？"陆续说："我是为我母亲而哭，想我在这里吃着她做的饭菜，却又不能得见。可怜天下父母心，叫我何以为报啊！"狱卒问道："你怎么知道是你母亲做的？"陆续说："小的时候，母亲就教育我们要做正人君子，因此她切肉都方方正正，切菜都一寸一段，你看，这正是我母亲亲手做的。"说完，陆续已是泣不成声。

汉明帝也是一个孝子，听说此事，就赦免了他的死罪，遣回原籍，终生不得为官。可另一边，案子却是抓得更紧了。竟连隧乡侯耿建、郎陵侯臧信、护泽侯邓鲤、曲成侯刘建也成为重要嫌疑犯。因这四人都是朝廷重臣，事关重大，明帝下旨由侍御史寒朗审理。

寒朗为人刚正、处事精练、有胆有识，决心将此事查个水落石出。在公堂之上，寒朗对这四个人说："王平、颜忠揭发你们与刘英串通谋逆，如果招了，或许朝廷能够从宽处理。"耿建暴跳如雷，骂道："我们与那两个狗才素不相识，他们说的话怎能让人相信，是哪个糊涂鬼听了他们一面之词，便奏请皇上将我们抓起来问罪？"

寒朗说："素不相识？那么他们也不认得你们，是不是？"

四人说："不错，如果认得，我等甘愿认罪。"

于是寒朗又提审王平、颜忠，要他二人写出耿建、臧信、邓鲤、刘建等四人的相貌特征。结果，两人各写一份，互不相同，且与这四人的相貌均不符合。于是案情已明，而王平、颜忠也招认是妄言乱供，只是希望能借此减轻处罚而已。

当下寒朗就将审理情况写成奏折，呈给了汉明帝。明帝见他认定四侯无罪，不由得大怒，说："我是让你审问四侯如何谋反，你怎么却说他们无罪，你与他们是同谋，还是收受了贿赂？"寒朗连忙跪倒在地说："臣只是秉公执法，别无他情。"明帝一听，怒火更大："还敢狡辩，来人啊，推出去斩了！"说完，一班武士就上来架住了寒朗。

寒朗高声说："臣有一言奏明皇上则死而无憾！"明帝一摆手："讲。"

寒朗说:"所有的官员审理谋反的案子,都是从严弃宽,怀着'宁可错杀一千,不可放走一个'的心理。如此一来,有多少人受到冤枉,无人可知。可是这样最终遭受损失的是朝廷啊!"

明帝听后,认为寒朗也是出于一片忠心,免了他的罪名。事后又冷静思考,接受了建议,重新审理楚王刘英谋反一案,后来还下旨全国大赦。至此,这一牵连数千人、在全国闹得沸沸扬扬的大案终于平息。

■ 嫉贤妒能:炀帝妒杀薛道衡

薛道衡,字玄卿,河东汾阳(今山西万营西南)人,自幼好学,是隋时有名的诗人。由于薛家世代为官,薛道衡本人又有才名,所以在北齐、北周做了高官;到隋文帝时,授为内史侍郎,加上仪同三司。由于薛道衡久当枢要,才名日盛,太子诸王都争着与他交往,宰相高颖、杨素对他也极为推崇。这样一个有名的才人,隋炀帝为什么要杀死他呢?这要从高颖被杀一事说起。

高颖是隋初著名的宰相,有经纬之才,文韬武略,样样精通,深受隋文帝信任。高颖为隋朝建立及平灭陈国立下大功,后来因反对隋炀帝奢侈腐化及修长城触怒了他,以诽谤朝政罪被杀。高被杀时,薛道衡在地方做官。以后,隋炀帝把他召回京城,打算让他做秘书监。薛道衡拜见隋炀帝时,把自己写的《高祖文皇帝颂》呈给隋炀帝。薛道衡在这篇文章里对隋文帝极为赞美。这恰好触在隋炀帝疼处,因他是靠弑父、杀兄取得皇帝宝座。隋炀帝与他的父亲截然不同。文帝性节俭,而炀帝好奢侈。因此,隋炀帝非常忌讳别人赞美前朝。看了薛道衡写的高祖皇帝颂,隋炀帝很不高兴,对宰相苏威说:"薛道衡极力赞美前朝,这有点《鱼藻》讽刺的意味。"《鱼藻》是《诗经·小雅》中的篇名。西周时,周幽王昏庸无道,奢侈荒淫,有人做《鱼藻》诗,借歌颂周武王，讽刺周幽王。隋炀帝虽然对薛道衡不满，但没有显露出来。于是，隋炀帝拜薛道衡为司隶大夫。司隶大夫是一个很容易犯错误的位置。隋炀帝打算薛道衡一有过错就置之于死地。薛道衡本人还不知自己身处险地，欣然上任。他的下属房彦谦看出了苗头，知道隋炀帝暗藏杀机，就劝薛道衡杜绝宾客，闭门思过，对皇帝要卑辞下气，以换取隋炀帝的好感。薛道衡没有听从房彦谦的劝告，照样好发议论，我行我素，这就为隋炀帝下手创造了机会。这时朝廷上下正在拟议新的法令，薛道衡对大臣们说："如果高颖不死，新的法令早就能公布执行了。"有人把这话偷偷地告诉隋炀帝。隋炀帝大怒说："你还想着高颖呢！"于是下令将薛道衡逮捕，交给司法部门治罪。主管司法部门的御史大夫裴蕴是个善于揣摩皇帝心理的小人，他审理案件不以法律为依据，而是以皇帝的好恶为准则。凡是隋炀帝想要治罪的人，他就曲解法律以构织罪状；凡是隋炀帝打算宽宥的人，他就从轻解释以此放人，因此深得隋炀帝宠信。裴蕴机敏善辩，口若悬河，罪名或轻或重，都是他决定，没有人敢反驳。他看到隋炀帝想要治薛道衡的罪，就上奏说："薛道衡自负才能，依恃先帝的宠爱，有目无君上之心，妄造祸端，将坏事加于国家。论他的罪名，虽然看起来比较隐晦暧昧，但推究他的真情实意，确实是大逆大道。"隋炀帝说："很对。我年轻时与他共同讨伐南陈，他轻视我年少，与高颖、贺若弼等人在外专擅威权，不把我看在眼。等到我即位，他心中不安分，早想谋反，幸亏天下太平，他才没来得及谋反。你认为他谋反，恰好体会到我的本意。"于是，隋炀帝下令薛道衡自尽。这时，薛道衡还蒙在鼓里，自认为犯的不是大过，催促司法部门早些决断，到时隋炀帝一定会赦免自己。他还让家人早些准备好饭菜，到时招待问候的宾客。等到隋炀帝的命令下达时，薛道衡好似五雷轰顶，神情茫然，脑海中一片空白。薛道衡万万没有料到会有这样的结果，不知所措，没有按照隋炀帝的命令自尽。隋炀帝命人将薛道衡勒死，将他的妻子儿女流放他乡。一代诗人薛道衡就这样不明不白的死去，当时天下人都为他感到冤枉。

薛道衡被杀死，仅仅是触怒了隋炀帝吗？这仅是一个借口。还有一个他不愿说出的原因，其实才是薛道衡被杀的真正原因。

隋炀帝善属诗文，对自己的才学非常自负，他看不起天下的读书人。他曾经对侍臣说："天下人都认为我是继承了先帝的遗业才当了皇帝，其实就是让我与天下的士大夫比才学，我也应该当皇帝。"隋炀帝的嫉妒心又很强，不愿有人在才学上超过他，而薛道衡的诗文早在北齐年间就已名扬天下，广为传诵。北齐年间，南陈傅縡出使北齐。傅縡在南陈是个善写诗文的人。北齐让薛道衡出面接待他，傅縡赠给薛道衡50首诗，薛道衡以原韵和诗50首。不论是北齐还是南陈的人，凡是看到薛道衡和诗的人，都称赞薛道衡的诗写得好。当时有一个叫薛收的著名学者说："傅縡所谓以蚓投鱼耳。"比喻傅縡用粗浅的东西引出美好的东西来。这就是以蚓投鱼一词的由来。还有一次，薛道衡出使南陈，南陈的士大夫久闻薛道衡善写诗文，请他即席赋诗一首。薛道衡脱口而出："入春才七日，离家已二年"。陈朝的士大夫听了，感到一般，都嘲笑薛道衡说："谁说这小子会做诗？"薛道衡听后并不惊慌，微微一笑，接着吟道："人归落雁后，思发在花前。"陈朝的士大夫大为叹服，高兴地说："名下固无虚士也。"薛道衡以诗折服了南陈的士大夫。从此，薛道衡的诗在大江南北广为流传。隋炀帝非常嫉妒薛道衡的才能，看到薛道衡才名日盛，

▲ 隋炀帝画像

早就视薛道衡为眼中钉、肉中刺，欲除之而后快。一旦有了借口，薛道衡也就死到临头了。薛道衡死后，隋炀帝幸灾乐祸地说："你还能写'空梁落燕泥'吗？"。这一语道破了薛道衡被杀的真相。薛道衡因善写诗文，而遭杀之祸，可叹他以才显名，因才败身。

■ 逢迎皇上：大将李靖险被害

唐代开国皇帝高祖李渊（公元566—公元635年），本是隋朝的太原留守，并袭封唐王。隋末，炀帝昏庸，天下大乱。李渊趁势在太原起兵反隋，以图夺取天下。

太原兵变的消息很快传到京城，京城长安更加混乱。

当时，李靖（公元571—公元649年），隋军事家，后归顺唐朝，官至尚书右仆射）、卫文升（隋时任刑部尚书）正奉炀帝之命留守长安。他们听说李渊兵变反隋，就把李渊在长安的亲族都抓了起来，后来又把这些李氏宗亲都杀掉了。

后来，李渊声势越来越大，直至平定关中，灭了隋朝，建立唐朝。李渊想起亲人惨遭杀害，切肤之痛，时时不能忘怀。

于是，他首先诛杀了卫文升等人，又打算再杀李靖以报家仇。李靖要求面见高祖李渊。他对高祖说："您平定关中，是为了报私仇，还是为了得到天下呢？如果您是为了得到天下，那就不能杀我李靖！"

高祖觉得他言之有理，又想自己刚坐上皇帝的宝座，天下还不太稳定，考虑再三，最终还是放了李靖。

不久，高祖又为了表现他要施仁政、不计前嫌，就委任李靖担任岐州（治所在今陕西凤翔县）刺史一职。

这期间,有个人却私下里揣度："皇帝虽说是放了李靖,又委以官职,但恐怕只是为了摆一种姿态而已,心里终究还是痛恨李靖的。"这人觉得升官发财的机会来了,他想:"我出面控告李靖谋反,不正好迎合了皇上的心意吗?皇上就可以名正言顺地杀了李靖以报家仇了。"

于是,此人挟嫌向朝廷递上了控告李靖谋反的状子。

李渊马上特派一名御史前往岐州审理案子。

临行前李渊又特意召见御史,对他谕示说:"如果李靖谋反之状属实的话,你可就地全权处置,先斩后奏。"话里的意思十分明显。

这御史素知李靖器识超群,忠诚坚贞,不可能有二心,他知道这是有人迎合皇上心意,诉状显然是捏造事实蓄意陷害。御史为了取得确证,于是要告发者与他同往岐州,协助办案,控告者没有拒绝,就骑马一同上路了。他们走了不少的路,经过了好几个驿站。那个控告者掩饰不住一脸的得意之色,路上说说笑笑很自在。

御史带着随从,与告发者一起走了几天,这日来到一处驿站住下。

当晚,御史又与告发者谈起办案的事,并要取出状纸来看,却"突然发现"控诉状的原本找不到了。御史惊骇万分,他招来保管控诉状的书吏,装作非常气恼的样子,斥骂他的失职,并鞭打了他。

接着,他又恳求那个控告者:"我本是亲奉皇帝的圣旨出来审查李靖谋反案的,现在却因大意丢失了你的控状,这怎么能前去办案呢?李靖反状十分明显,但状纸遗失了。这样,不但惩办无据,查办不了李靖,又如何回京向皇帝交差?这下我怕是罪责难逃,性命难保了。还求你想个办法救我啊!务请帮我个大忙,重写一份,以解我难。"

那控告者觉得御史说得情真意切,于是就说:"这好办,我再另写一份控状给你。这样你就可以办案交差了。"

说罢,当下就握笔展纸,重写了一份告密书交给御史。

其实,原来的那份状纸并没有丢,而是御史故意这样做的,因为真的事不易淡忘,编造出来的事却不易记住,要告密者重写一遍,可以从中看出破绽。

御史接过状子，与那份谎称"丢失"了的原状仔细对照，果然发现与原先的状子不一样；所述时间、地点、事实都有矛盾。显然，李靖的"犯罪事实"是人为捏造的，所以，两次诉状的"事实"大不相同。

御史想好对策以后，立即快马返京，亲自进宫面见高祖，详细对高祖解释，分析了其中的道理。

高祖终于明白此案纯属无中生有的捏造。于是，为惩戒诬告者，安定人心，就下令处决了那个控告者。

■ 谏迎佛骨：韩愈险遭杀身祸

佛教自东汉传入我国以来，一直同我国土生土长的道教、儒教进行着激烈的斗争。在唐代儒、释、道三教的消长和共存中，发生了许多冲突事件。其中，尤以韩愈上表排佛事件最为著名。

韩愈，字退之，祖籍河北昌黎，故世称韩昌黎。韩愈是我国唐代著名的散文家、诗人，也是一位有影响的思想家。韩愈一生志排佛老，倡儒家道统，以儒家的传道者自居。正如韩愈在《原道》中所说，自从孙子传"道"于孟轲后，便找不到这个传"道"的人。韩愈毕生都在竭力完成这个任务。唐宪宗元和年间，韩愈因跟随裴度平淮西藩镇有功，升为刑部侍郎。元和十四年，韩愈因上表谏迎佛骨，险遭杀身之祸。

唐宪宗是个比较有作为的皇帝。他即位之初，虚心纳谏，重用裴度等贤臣，一举平灭淮西藩镇，迫使其他藩镇相继归顺，唐王朝暂时结束了自安史之乱后藩镇割据的局面，历史上把这段时间称作"元和中兴"。但唐宪宗并不是个善始善终的人物。到了晚年，唐宪宗沉溺于佛教、道教，一心想服灵丹妙药，求得长生不老。唐宪宗为找到神仙，颁诏天下求得方士。宗正卿李道古原先担任鄂岳观察使，是个有

▲ 韩愈

名的贪暴之徒。他恐怕自己的罪行被发觉，就考虑如何投皇帝所好，换取欢心。李道古听说唐宪宗崇尚长生不老，就向宪宗推荐一术士柳沁，说他能烧炼长生不老的丹药。唐宪宗信以为真，就让柳沁在兴唐观炼制丹药。柳沁无非是个骗吃骗喝的小人，哪里能炼出什么长生不老药。为了交差，柳沁欺骗唐宪宗说："天台山是神仙聚居的地方，生长着很多灵草。我虽然知道，但力有不逮，如果能让我当那里的地方官，不久就可炼出丹药。"唐宪宗深信不疑，就任命柳沁为台州刺史，在天台山炼制丹药。大臣们看不惯这件事，就向皇帝劝谏。唐宪宗很不高兴，对大臣们说："驱使一州的人力而能使人主得到长生，臣子亦何受焉！"于是，大臣们都不敢再劝谏唐宪宗。元和十三年十一月，有人上奏唐宪宗说："陕西凤翔县法门寺，藏有释迦牟尼佛祖的指骨一节，按照佛门规矩，每三十年开始一次。传说，开塔之年，一定人和年丰，明年正值开塔之期。"唐宪宗这时正沉溺佛道二教，当然不会放过这个祈福祷寿的好机会，就命中使率领众多僧人去凤翔法门寺恭迎佛骨。元和十四年正月，佛骨被迎至京师，唐宪宗亲自把佛骨留在宫中供养了三天，每日沐浴更衣，顶礼膜拜。三日后，唐宪宗将佛骨遍送京城各大寺院，让臣民们观瞻。上行下效，万乘之尊的皇帝对佛骨表现得如此虔敬。臣民们无不对佛骨表现出极大的虔敬，整个长安城顿时掀起了一股迎拜佛骨的狂潮。上至王公贵族下至平民百姓，人人争先恐后，祈祷佛祖保佑，倾尽资产施舍寺院者有之，为表示虔诚燃香烧伤头顶手臂者亦有之。人们崇信佛教的狂势场面，使自诩为儒家传道者的韩愈内心如焚，深为忧忿。韩愈一向视佛教为异端，认为它消耗大量财富，加重百姓负担，使民穷且盗也。韩愈曾在《原道》一文中指责佛教徒只求修养身性，却把天下国家视为身外物，废弃封建伦常，使得"子焉而不父其父，臣焉而不君其君，民焉而不事其事。"为此，韩愈主张迫使僧尼返俗，烧毁传播佛教道义的书，把寺院改作民用庐舍，来保证鳏寡孤独废疾者皆有所养。对于这场迎佛骨狂潮，韩愈明知皇上正在兴头上，扫了皇上的兴，恐怕会引来灭门之灾。但是为了自己的志向，为了儒家道义不受侵犯，韩愈置生死于度外，奋笔疾书，写下了著名的《论佛骨表》。

在这篇文章中，韩愈反复讲"佛不足事""佛不足信"的道理。文章先从上古黄帝讲起，一直到本朝唐高祖下令裁减佛教徒，虽然不信佛却寿高祚长，国泰民安。韩愈又举出历代信佛皇帝之年代短促，虽然梁武帝在位四十八年，"前后三度，舍身施佛，宗庙之祭，不用牲牢，昼日一食，止于苹果"，信佛之心不可谓不诚，却落得个"为侯景所逼，饿死台城"的悲惨下场。从正反两方面的例子，韩愈得出结论：事佛求福，乃更得祸。韩愈接着指出，这次迎骨带来的危害，不能轻视。百姓"自朝至暮，转相效仿，唯恐及时，老少奔波时，弃其业次，若不即加焚遏，更历诸寺，必有断臂脔肉身，以为供养者。伤风败俗，传笑四方，非细事也。"韩愈最后指出，佛骨乃"枯朽之骨，凶秽之余，岂宜令入宫禁"，请求唐宪宗将"此骨付之有司，投诸水火，永绝根本，断天下之疑，绝后代之惑。"韩愈为表示自己的决心，决断地说："佛如有灵，能作祸祟，凡有殃咎宜加臣身，上天鉴临，臣不怨悔"。韩愈的《论佛骨表》，对唐宪宗没有责备，只有劝导，全篇充满了忠君之情。唐宪宗这时满脑子装的是祈祷佛祖保佑自己长生不老。韩愈却不知趣，大谈信佛的帝王没有长命的，而唐宪宗最怕自己短命，韩愈的这番话，正好戳在唐宪宗的痛处。唐宪宗看完《论佛骨表》，勃然大怒，打算当场将韩愈处以极刑。宰相裴度、崔群急忙为韩愈讲情，齐声说："韩愈虽然狂妄，但他毕竟是出于忠心，请免他一死，以开言路。"其他一些大臣也纷纷替韩愈讲情。唐宪宗素来敬重裴度，又有其他大臣讲情，这才收回成命，饶韩愈一死，贬为潮州刺史。

韩愈谏迎佛骨一事，在当时甚至后世造成很大影响，宋朝的士大夫尤其对韩愈备加赞颂。苏轼在《潮州韩文公庙碑》中对韩愈作了最高评价："文起八代之衰，而道济天下之溺；忠犯人主之怒，而勇夺三军之帅。"前一句意思说，韩愈的文章换回了连续八个朝代的衰颓之风，这指的是韩愈领导唐代古文运动的成就；后三句指的就是韩愈谏迎佛骨一事，意思说韩愈提的儒家学说，把天下人从沉溺佛、老等异端的困境中拯救出来。公允地说，就韩愈领导的古文运动成就而言，"文起八代之衰"，当之无愧，就韩愈谏迎佛一事，誉他"道济天下之溺"，恐怕就是溢美之词了。

■ 敢为直臣：周新以身殉法

周新，明朝南海人。洪武年间，他在大理寺当评事，以善于审判案件著称于世。明成祖即位后，周新被改任为监察御史。周新生性忠正耿直，敢于向皇帝说真话实话，当时朝廷上下，一些违法和失职的官吏多被他检举揭发。因此，皇亲国戚都感震惊，把他看作"冷面寒铁"。以至当时京城里的人都用他的名字来吓唬小孩，小孩一听周新的名字，就吓得到处奔跑藏匿。

后来，周新被选拔到云南当按察使，还没有赴任，又被改派去浙江。浙江的冤民在监狱里关了很久，一听说周新要来，都高兴得欢呼雀跃，说："周青天来了我们就有救了。"周新上任不久，这些冤案果然得到了昭雪。

周新善于察访冤狱，发奸擿伏。他到浙江上任时，遇到这么一件事。这天，周新骑着一匹枣红色的高头大马，前面有仪仗开路，前呼后拥，威风凛凛。刚到浙江境内，一群苍蝇似的昆虫迎着他的马头上下翻飞。这本来是件很平常的事，马本身就有一种特殊的气味，招来几只虫蝇不足为怪。可周新想得并不这么简单。于是他就派人悄悄跟着这种昆虫飞去的方向去找。开始，他手下的人也认为周新是神经过敏，跟着一群苍蝇跑能找到什么好东西。可上司吩咐下去，又不敢违抗，只好跟着这群虫蝇在荒山野地到处跑。最后，来到一片僻静的荆棘丛中，远远地就闻到一股恶臭味。仆役走近一看，原来是一具尸体，早已生蛆腐烂。仆役这时才明白周新的用意，强忍着奇臭，仔细地察看了一下尸体，在上面找到了一方小木印。仆役把查到的情况向周新详细地作了汇报，并呈上小木印。周新仔细地检查了这枚木印，知道死者原来是个布商。他就秘密地派人到处去买布，凡是在布上发现有和死者木印文字相合的就抓起来进行审问，结果把抢劫布商的强盗全部捉到。

有一个商人晚上回家，路上怕遇上强盗抢劫，就把身上带的金钱藏在一个破庙的石头底下，回家后把这件事告诉了他老婆。第二天一大早，商人赶忙去取，可是钱早已被人取走。商人慌了手脚，赶忙到周新那里去告状。周新问明原委，就把商人的妻子传来。这妇人来到大堂，"扑通"一声跪倒在地，没等审问早已吓得浑身筛糠似的发抖。周新大声斥责道："你这淫妇还不如实招来？"妇人便一五一十地招了，果然她有个奸夫。那天晚上，两人正在亲热，商人突然回来了，奸夫慌忙躲藏起来，幸好没被商人发现，听商人说把钱放在破庙石头底下，就连夜去把金钱全部取走了，最后，商人的老婆和奸夫都被杀了头。

周新为体察民情，经常深入下层，微服私访。有一次他乔装到下面检查工作，得罪了一个县令。这个县令准备拷打他，正好听说检查工作的按察使快要来了，就把他关进监狱。周新在监狱里和囚犯先是拉家常，后来慢慢拉到这个县令身上，囚犯对县令都恨之入骨。经过询问得知这个县令有贪污罪行。周新掌握了这个县令的罪行后，就对狱卒说："我就是本省的按察使。"和周新同室的囚犯听说和他们谈话的人是周新——本省的按察使，个个都又吃惊又高兴。可县令知道后，吓得不得了，连忙向他谢罪。周新根据县令所犯罪行，向皇帝检举揭发，最后革了县令的职。

锦衣卫是明朝的特务机关，权重一时。当时锦衣卫指挥纪纲派遣了一个千户到浙江办案。这个千户来到浙江后，勒索贿赂，作威作福，无恶不作。周新打算把他捉住惩办。千户听到风声便逃之夭夭了。不久，周新到京城去送文书簿册，恰好在涿州遇上了这个千户，周新立即逮捕了他，并把他关押在涿州的监狱里。这个千户非常狡猾，趁机逃脱，跑到京城，来了个恶人先告状。纪纲听信千户谗言，就向皇帝诬告周新的罪状。皇帝龙颜大怒，下令逮捕了周新。这些执行逮捕的旗校都是锦衣卫的人，为了替千户泄私愤，在路上就把周新打得皮开肉绽，体无完肤。

最后来到朝廷，周新伏在阶下，高声说："陛下命令按察使办事，职责权限和都察院一样。我奉您的命令去捉拿奸臣恶贼，您为何反而来惩办我？"怎奈皇帝昏庸，听了更加气愤，命令杀死周新。临刑时，周新高声大喊道："我周新生为直臣，死为直鬼！"

周新铁面无私，执法不阿，最后却以身殉法，落得个被杀的悲惨结局。这都怪周新生活在"朕即国家"、皇权高于一切的封建社会，碰上了个偏听偏信的糊涂皇帝。周新本想秉公执法，可是权大于法，他对上司、对皇帝无能为力，只剩下临终前大呼"生为直臣，死为直鬼"的权利。

第二节　权力场的悲鸣

■ 宫廷丑闻：刘妃狸猫换太子

宋太祖赵匡胤陈桥兵变建立北宋王朝后，整顿吏治，天下太平。赵匡胤死后，传位三弟赵光义，就是太宗。太宗死后本应将皇位传给与他们一起打天下的四弟赵廷美，或者二哥太祖赵匡胤的儿子，他没有这样做，而是将王位传给自己儿子赵恒，就是真宗。为了安抚人心，太宗便封二哥这一支每辈出一个王爷，封为八千岁，代代世袭，权势仅次于皇上。

宋真宗时期的一天早朝，西台御史兼钦天监文颜博出班启奏："臣夜观天象，有天狗犯阙，恐于储君不利。恭绘天象图形一张，谨呈御览。"当时，皇后过世，并未留下子嗣，只有李宸妃、刘妃皆有孕在身。

早朝散罢，真宗立召李宸妃、刘妃见驾，把文彦博的奏章告知二妃，并拿出一对金丸说："这一对金丸，内藏珍珠一颗，均系上皇所赐，系无价之宝，朕幼时一直佩带在身，保朕一生平安。现在赐给你们二人，上面刻上你们的宫名和名字，可保爱妃和孩子无恙。"

二人跪下，收下珍珠。真宗又说："你们二人谁生太子，就立为皇后。如都是太子，谁先生就立谁，就看谁的造化了。"二妃谢恩告退。

却说李宸妃心地善良，对真宗的话没放在心上。但刘妃却心存不良，对玉宸宫的李妃常怀忌妒，回宫后，她反复测算，觉得自己比李妃晚生，如不趁早下手，恐落在后面，便派人把心腹总管郭槐找来，二人密谋了一个上午，制订了一个计划。

时光荏苒，眼看李妃就要临盆。郭槐便重金买通接生婆尤氏，让她如此这般。尤氏听到要加害李妃，先是害怕，但考虑事成后的荣华富贵，就答应了。

不久李妃生了个胖小子，听到一声啼哭，李妃就昏厥过去。尤氏将事先准备好的剥了皮的大狸猫用襁褓包起来，将太子放进盛接生用品的大盒子里，火速送到刘妃的金华宫。刘妃又将太子交与心腹侍女寇珠，命她将太子勒死后埋掉。

寇珠虽系刘妃心腹，但对刘妃的歹毒看不过，本想抱太子一起投河自尽，但恰被李妃的总管陈林撞见。寇珠见隐瞒不过，就如实供出了实情，并将太子交给陈林，回去复命说已杀了太子。

陈林不敢怠慢，赶紧将太子抱在怀中，急奔南清宫而去。南清宫正是八千岁的住处。八千岁见陈林如此慌张，知道有重大事情，忙屏退左右。陈林便将太子遇害的经过一五一十地讲给了八千岁和狄娘娘。二人一合计，便把太子留在南清宫，当作自己的儿子喂养。

再说李妃一阵昏厥醒来后，见尤氏等几个嬷嬷七嘴八舌地议论什么，赶紧抬起身探视。一看不要紧，李妃吓了一跳，原来她生了一个怪物，莫非刚才的啼哭声是幻觉？李妃只好自认倒霉。

就这样，李妃被真宗打入冷宫。不久刘妃也生了一个儿子，皇帝大喜，立刻立为太子，刘妃也被立为皇后。郭槐也奴随主贵，尤氏被封为掌院，寇珠为主宫承御其他人等也受了重用。

谁知刘妃生的太子偏偏命短，到五岁时就死了，从此，真宗整日闷闷不乐。

这一天，八千岁前来问安，提起自己的三儿子与死去的太子同岁，真宗便吩咐召见。一见三世子，真宗便十分喜欢，并央求八千岁将儿子过继过来，八千岁欣然应允。就这样，三世子被立为太子。

这太子是个心地善良的人，第二天就去拜见皇后。皇后见自己的儿子死了，也便顺水推舟地将太子认作儿子。

过了几天，太子向皇后求情，劝她放出被关在冷宫里的李妃。皇后这才发现，原来太子和皇上长得一模一样，莫非寇珠没有杀死李妃生的儿子？皇后不敢往下想，便派人找来寇珠。寇珠知道皇后滥动私刑，她怕吃不得苦刑，供出真相，害了陈林和太子，一句话也没有说，就撞柱而死。皇后苦于没有证据，又怕闹大了对自己不利，就不再提起。

自此宫内无事，一晃七年过去了。真宗驾崩，太子即位，就是仁宗。这一年（公元1022年）仁宗才十三岁，由皇太后刘妃辅佐。皇太后也确实了不起，帮助仁宗把朝政治理得很好。

仁宗十年（公元1032年），在冷宫里孤独生活的李妃走完了自己的路程，凄惨地死去。皇太后命人按一品礼将她厚葬。一年后，皇太后也死了。

皇太后死后，八千岁和陈林就商量把真相告诉仁宗，却又不敢贸然开口。这时，八千岁想起了包拯。

包拯是开封府尹，得知八千岁召见，不敢怠慢，赶紧来到南清宫。听了八千岁和陈林的陈述，包公也感为难，但还是硬着头皮接下了这个宫廷大案。

包公仔细分析了案情，决定从郭槐身上开刀，便命王朝、马汉将郭槐抓来。此时的郭槐没了刘太后的庇护，已是老实了三分，但却始终不肯招供。包公便命手下用刑，郭槐被打得皮开肉绽，仍未招认。

包公又生一计，吩咐王朝、马汉、张龙、赵虎如此如此。

当天夜里，郭槐在昏睡中迷迷糊糊就被提了起来。睁眼一看，一个披头散发的女子满脸是血，高喊："郭槐，我是寇珠，你害死了我，

▲ 包拯像

快拿命来。"

郭槐吓得浑身哆嗦,忙说:"寇承御,这些全都是皇太后的主意,与我无关,快饶了我吧。"

这时,上来两个判官,不由分说,用铁链子套住郭槐就走,一直到了阴森森的大殿,大殿正中写着阎罗殿,阎王端坐正中,左右判官列队,郭槐早吓得尿了一裤子。不经审问,便将狸猫换太子的前前后后如数供出。这时,大殿的灯被点上了,判官们摘下面具,哪是什么阎罗殿,分明是包拯的大堂。

八千岁和包公将实情告诉了仁宗。仁宗念及皇太后厚葬了生母,且已过世,不再追究。郭槐和尤氏被处以凌迟。仁宗又命人给寇珠修了"忠烈祠",以示褒奖。陈林被封为"亚父",包公也得到了嘉奖。

■ 岳飞被害:秦桧担千古骂名

岳飞,字鹏举,河南汤阴人。少年时有远大的抱负,为人忠厚、言语不多,家境贫困,但勤奋好学,尤其喜爱阅读《左氏春秋》和《孙吴兵法》。

公元1138年,秦桧排挤赵鼎,当了南宋的宰相。岳飞常常对客人叹息着表示不满,还总是以收复失地作为自己的责任,不肯附和主张向金兵求和的议论。

秦桧的奏章中有这样一句话:"道德和修养无固定的效法者,一个人应以善良为主要标准,作为自己的老师。"

读到这里,岳飞愤怒地说:"君臣之间的伦理关系,应该出自天性。一个朝臣怎能如此轻视他的主上呢?"

金国大将金兀术派人送信给秦桧,说:"你朝夕祈求和金达成和议,而岳飞却在那里活动,图谋收复河北失地。因此,一定要杀掉岳飞,南宋和金才能讲和。"

秦桧也认为,如果岳飞不死,终究是和议的障碍,甚至于会给自己带来祸害,所以极力设法要谋害岳飞。

秦桧知道谏议大夫万某某与岳飞有私怨,就劝说他利用职权弹劾岳飞。又劝说中丞何铸、侍御史罗汝楫一起上奏章,罗列岳飞的"罪行"。

这个奏章的大意是:"今春金人进攻淮西,岳飞巡视舒州、蕲州一带,不主动出击,贻误战机,最近又与张俊在淮河一带按兵不动,甚至于打算放弃山阳而逃跑。"

那时,岳飞在临安(今浙江杭州),屡次请求朝廷允许他免去枢密副使的职务,不久又辞去两镇节度使,当一名万寿观使、奉朝请的闲官。秦桧谋害岳飞的目的还没有达到,就告谕张俊,命令他去威逼王贵,诱使王俊诬告张宪违抗命令阴谋归还岳飞的兵权。

秦桧派人捉拿岳飞父子证实张宪的事。使者到岳飞那里,岳飞笑着对使者说:"天地都可以证明我的一片忠心!"

何铸奉命参与审讯岳飞,岳飞撕开衣襟露出了已深深地印在背上皮肤里的四个大字:"精忠报国"。

何铸经过检阅核实,没有发现任何证据,知道岳飞是无罪的。

秦桧又改而命令万某某去审讯岳飞的案件。万某某诬告岳飞同张宪通书信,让张宪虚报军情以惊动朝廷。诬告岳飞长子岳云同张宪通书信,让张宪筹办岳飞重任节度使重掌兵权一事;还说,这些书信已经被烧掉了。

岳飞被拘囚了两个月,但秦桧没有取得任何罪证,也没有一个证人出来做证。有人教万某某从何铸、罗汝楫上次奏章中所谓金人进攻淮西,岳飞违抗命令、贻误战机的事着手。万某某高兴地告诉了秦桧,于是就查抄岳飞家,取出皇帝当时给岳飞的书简,收藏起来以毁灭一切痕迹。

秦桧又威逼孙革等人出来做证，诬告岳飞在接到命令后故意逗留，贻误战机。命令评事元龟年取得当时的行军记载书册，故意掺杂作假。

依据这些，才牵强附会地编造成了所谓岳飞的罪案。到了岁末，此案未了结，秦桧用小纸条给监狱写了手令，这样，岳飞很快就被判处了死刑，当时他才39岁。岳云被判弃市，岳飞全家被勒令清点财产迁往岭南，岳飞部下于鹏等6人均受株连判刑入狱。

当初，岳飞遭拘囚在狱时，大理寺丞李若朴、何彦猷和大理卿薛仁辅都认为岳飞无罪，宗正卿士某还以百人的生命出面担保岳飞，但均遭到万某某的弹劾，被罢了官，士某还被放逐并死在建州，由大理寺判处死刑。而帮助秦桧参与诬陷岳飞的人，却都根据各人的情况不同加官进爵。

岳飞的案件送报朝廷，韩世忠知道后深感不平，当面责问秦桧。秦桧说："岳飞长子岳云同张宪通书信，虽然还没查清，但这件事情莫须有。"

韩世忠说："用'莫须有'这三个字来定岳飞的死罪，怎能使天下人心服？"

当时南宋的洪皓还被扣留在金国，他将书信封在蜡丸里派人连夜送报朝廷，信上说："金人只惧怕南宋的岳飞一人，他们甚至尊称岳飞为父。金国众头领得知岳飞已经死去，都在饮酒作乐表示庆贺。"

秦桧死后，朝廷议论应尽快恢复岳飞的名誉，为他平反昭雪，万某某认为不可。他说："现在金国正愿意双方议和，我们一旦起用了以往的将领，怕会扰乱了人心。"

到了绍兴末年（公元1162年前后），金人更加猖獗了，太学生程宏图上书为岳飞鸣不平，皇帝才下令恢复岳飞家属的自由。当初，秦桧憎恨岳州与岳飞同字，改岳州为纯州，现在又改了回来。

中丞汪澈去荆、蕲州宣读圣上的诏令，并进行慰问，岳飞的旧部下异口同声为岳飞的冤死鸣不平，哭声震天。

宋孝宗下令恢复岳飞生前的官爵，重新以礼安葬，赐钱百万，找到岳飞的后裔也都封了官，在鄂地建了岳飞的祠庙，号忠烈。淳熙六年（公元1179年），赠予岳飞谥号为武穆。嘉定四年（公元1211年），又追封岳飞为鄂王。

■ 宦官当权：魏忠贤谋杀杨涟

杨涟，另号文孺，别号大洪，应山（今湖北应山县）人。为人胸怀坦白，气节不凡。

明熹宗天启二年（公元1622年），起用杨涟为礼科给事中，不久提拔为太常少卿。第二年冬，杨涟又被任命为左佥都御史。第三年春，升任左副都御史。

这时宦官魏忠贤已当权，那些趋炎附势的小人都去投靠，但是魏忠贤害怕众多正派官员当朝，还不敢过分放肆。杨涟愈加经常与赵南星、左光斗、魏大中等同僚慷慨激昂地讽议朝政，认为必须扶助好人，打击奸邪。为此，魏忠贤和他的党羽对杨涟等人怀着刻骨的仇恨。于是就制造了汪文言案，准备虚构罪名对杨涟等人进行陷害。

后来这件事虽然平定下去了，但是，那些正派的官员却面临着日益危险的境地。这年六月，杨涟上奏章直言不讳地揭发魏忠贤，列举了他24条重大罪状。魏忠贤听到有人上疏告发他，非常害怕。他的同党王体乾和客氏极力庇护他，便指令魏广微假传皇上旨意严厉责备杨涟。

起初，杨涟写好奏章后想在皇帝上早朝的时候当面奏报，可是正遇上第二天皇帝上朝，他恐怕事情过夜会泄露机密，于是便从会极门进去上奏，被魏忠贤设计阻挠。杨涟更加气愤，又用对仗的笔法拟稿，再次告发魏忠贤。魏忠贤暗中探听到这个消息,就千方百计阻止熹宗,使之三天不上朝问事。

等到熹宗出来上朝的时候,几百名宦官内穿铠甲,外套常服,站立在皇宫台阶两边,故意把皇帝夹在中间,并命令朝臣不得上前奏事。这样,杨涟只好作罢。

到了十月,吏部尚书赵南星已被革职遣送外地,朝廷要公推代理他的官员,杨涟就注销自己姓名而不愿参加候选。魏忠贤乘此假造圣旨指责杨涟犯了大不敬罪,失去人臣的礼节。将他和吏部侍郎陈于廷、佥都御史左光斗一起罢了官。

魏忠贤还觉得不解恨,又一次兴起了汪文言案,要编造罪名杀害杨涟。天启五年(公元1625年),魏忠贤的党羽大理丞徐大化出来弹劾杨涟、左光斗结党营私、排除异己、争权夺利,并下令逮捕了汪文言,关进监狱加以审讯。魏忠贤的私党许显纯对汪文言严刑逼供,逼迫汪文言揭发杨涟接受了熊廷弼的赃款贿赂。汪文言仰天大喊道:"世上难道有贪赃的杨大洪吗?"他至死也不承认。许显纯得不到口供,就自己伪造供词,诬告杨涟贪污赃钱二万,于是逮捕了杨涟。

这天,几万群众涌上街道,攀着载运杨涟的槛车痛哭。杨涟所走过的村庄城镇,都烧香建坛为他祷告,祈求上天保佑他能活着回来。等到杨涟被打下诏狱,许显纯就施用酷刑,把杨涟打得体无完肤。就在这年七月的一天深夜,杨涟被他们害死在狱中,死时54岁。

杨涟家境素来贫寒,治罪以后财产没收归官时还不到千两银子。他的母亲和妻子只能在城门上的瞭望楼里安身,靠两个儿子要饭养活她们。上面催缴赃款的命令很急,同村人纷纷

▲ 魏忠贤像

争着出钱来帮助他们,甚至连卖菜的这样地位卑微的人也都解囊捐献。杨涟的高尚品德就是这样地感动人!

崇祯初年,皇上追赠杨涟为太子太保、兵部尚书等官号,封他谥号为忠烈,还让他的一个儿子入朝做官。

■ 疏劾严嵩:沈纯甫引祸杀身

明朝嘉靖年间,奸臣严嵩窃政,受到明世宗的宠信。严嵩在内阁担任首辅多年,与其子严世蕃把持朝政,专擅国事、贪鄙奸横、排除异己、结党营私。有许多善于阿谀奉承之徒谄附门下,成为严嵩的忠实走狗。同时,也有许多正直有识之士,从国家危亡的角度出发,纷纷上疏揭露其罪行,比较著名的是锦衣卫沈链的疏论。沈链却因言得罪严嵩,被严嵩等人置于死地。

沈链,字纯甫,浙江会稽(今绍兴市)人,嘉靖十七年(公元1538年)进士。先是官拜溧阳知县,因为刚正固执触犯了御史,被调任山东省茌平县。后因为父守丧而去职,服丧期满后补授河南清丰县知县,在任上官声极好。其后又被调入京师任锦衣卫。

沈链为人刚正,疾恶如仇,然而非常狂傲不拘小节。特别是每次饮酒时都两腿伸直叉开,肆无忌惮地谈笑,显出旁若无人,傲视一切的样子。锦衣卫帅陆炳非常器重沈链。陆炳与严嵩父子交情很深,所以陆炳经常带沈链与严世蕃一起饮酒。严世蕃常以逼客人过量饮酒为乐趣,沈链心中感到十分气愤,就反过来揪着严世蕃耳朵逼其饮酒。因此,严世蕃非常惧怕沈链,不敢与之较量。

当时,严嵩正受皇上的宠信,势倾朝野,是当朝第一大臣。戍边的大臣们经常争相贿赂严嵩,一旦边境失事,这些大臣恐怕皇帝治罪,便更是用车载马驮地给严嵩进贡黄金白银,所送贿赂越来越多。沈链为此时时扼腕叹息:国难当头,奸臣当道。

一天，沈链与尚宝丞张逊业一起饮酒。酒过三巡之后。二人谈及严嵩，沈链情绪激昂，想到严嵩父子在朝中的所作所为，既愤怒又伤心，不禁慷慨骂詈，痛哭流涕起来。沈链认为严嵩不除，国无宁日，遂给皇帝上疏说："去年俺答进犯我国，陛下奋扬神武，欲乘时北伐，这正是朝中文武群臣所愿齐心合力办好的事情。但是，朝廷要克敌制胜，驱除外寇，必先要为天下除去朝中的奸邪之人。当今大学士严嵩，贪婪之病疾入膏之肓，愚鄙之心顽于铁石。就在皇上担心朝臣遭受外敌欺辱时，严嵩不仅不四处访求圣贤豪杰之士，咨询克敌治国方略，却与其子严世蕃谋取私利，陷害忠良，重用小人，揽权纳贿，卖官鬻爵，施恩惠以结党。朝廷奖赏一人，严嵩总说：'由我赏之'；朝廷罚一人，严嵩也说：'由我罚之'。人们都以严氏父子的好恶行事，而不知朝廷之恩威，谁还敢说严嵩的坏话呢？简单列举严嵩的罪状有：纳将帅之贿，以启边陲之衅；收受诸王的礼物，暗中为其提供方便；揽吏部之权，虽是委任州县的小官吏，也再让他们出资行贿，才授予官职，造成朝廷法度大坏；向巡抚、巡按等地方大员索取贿赂，造成地方各级官府按级索取贿赂，百姓越来越穷；暗中压制谏官，使其不敢直言；嫉贤妒能，一忤其意，必致之死地；放纵其子世蕃收受他人财物，招致天下人怨恨；向家中运送财物，月无虚日，以致道途中的驿站受到骚扰；久居内阁，恃宠害国；不能替皇上分优，协助出谋讨伐俺答。"最后沈链请求皇上罢免严嵩，以谢天下。世宗见疏后，不仅没有为有此忠正大臣而高兴，反而大为震怒，立即传旨大骂沈链："谤讪大臣，沽名钓誉。"将沈链廷杖数十下，削职为民，发配保安。

到保安后，沈链人生地不熟，没有地方住宿。有个商人知道沈链得罪的原因后，便腾出家院让沈链居住，乡里的长老也天天送来柴火粮食并送子弟来跟沈链学习。沈链便教导他们忠义大节方面的知识，保安的父老乡里都非常高兴。塞外人素以愚鲁刚直而著称，他们都熟知严嵩的罪恶。为了使沈链高兴，都争相咒骂严嵩。沈链非常高兴，咒骂严嵩父子，习以为常。为解心头之恨，沈链将柴草扎起来，做成唐代奸臣李林甫、宋朝奸相秦桧及严嵩父子的草人，喝醉了就聚集弟子们弯弓搭箭，口中还高声大骂："严贼，看箭！"向着草人就是一顿乱射。有时还骑马远行到居庸关口，指着南方咒骂严嵩

▲ 严嵩

一阵方才回去。沈链的所作所为很快便传往北京。严嵩听到后，对沈链更是恨之入骨，便想寻机报复。沈链却没有想到此时已有人磨刀霍霍要向他下毒手了。

从前，许论任宣府、大同总督时，经常杀死手无寸铁的良民百姓，割下首级冒充杀敌有功，沈链曾写信讥嘲过他。后来严嵩的私党杨顺继任宣大总督时，正逢俺答入侵，破应州（今山西省应县）40 余城。杨顺恐怕因失城而被怪罪，想靠上报斩首杀敌之功来解脱自己的罪过，便怂恿其官吏士兵拦截杀害躲避俺答兵的平民百姓。杨顺杀害百姓的数量比许论还要多。沈链便写信谴责杨顺，措辞更加严厉，并附诗一首："杀生报主意何如？解道功成万骨松。试听沙场风雨夜，冤魂相映觅头颅。"又写文章追悼被冤杀的死者，言辞之间许多地方都讽刺杨顺。又作"塞下吟"诗一首挖苦杨顺"云中一片虏烽高，出塞将士已著劳。不斩单于诛百姓，可怜冤血染霜刀。"杨顺得知后大怒，遂派遣心腹之人告诉严世蕃："沈链正在集结敢死之人练习击剑射箭，其用意叵测。"严世蕃便将此事交给巡按御史李凤毛去办。李凤毛编造假话推托："此事当真，不过早已解散了。"不久后，取代李凤毛的人叫路楷，也是严嵩的死党。严世蕃嘱咐他与杨顺合谋搞掉沈链。事成之后，必当厚报。两人便日夜筹划中伤沈链的诡计。正巧，当时蔚州（今河北省蔚县人）

阎浩等组织白莲教，出入漠北虏地，俺答尊其为国师，泄边情为患。官军将阎浩等抓获后，所供涉及的人很多。杨顺大喜，对路楷说："这就可报答严公子了。"将沈链名字填入阎浩案的犯人名单中，诬告阎浩等以沈链为师，听其指挥。沈链因失职怨望，教阎浩等煽妖作幻，勾虏谋逆。结案后上报，严嵩父子大喜。前总督许论正任兵部尚书，竟然照杨顺、路楷的报告上奏皇帝。最后沈链在宣府市曹上被斩首，沈链的儿子沈襄被发往极远地方戍边。

沈链死后，严嵩父子奖赏"有功之人"：给杨顺一子锦衣千户，路楷为候补五品寺卿。事后杨顺暗忖道："严公只给我这点奖赏，说明他不十分满意，今只诛沈链，未波及其子，斩草不除根，萌芽能复发，莫非严相公心意在此？"于是他便将沈链的儿子沈衮、沈褒抓起来，严刑拷打，致使二人双双死于杖下，又发檄文逮捕沈襄。沈襄被抓来后，正被严刑拷打时，恰好杨顺、路楷因其他事情被逮捕下狱，才幸免一死。

后来，严嵩事败，严世蕃被判斩首。临刑时，沈链所教保安子弟有在国子监的，一块绸布写上沈链的姓名官爵，拿到市场上，看着严世蕃头断完毕，大声呼喊："沈公可瞑目矣！"恸哭而去。

后来，明穆宗即位，赠沈链光禄少卿。明熹宗时，赐沈链谥号愍。

■ 计诛权宦：恶太监仗势违制

同治十一年三月，东西两宫准备为载淳举办大婚典礼，需要赶制全宫穿用的大批湘绣"龙衣"。这时，慈禧太后采纳太监安德海的建议，瞒过慈安太后，派安德海南下。

安德海又叫"小安子"，是直隶南皮人，生得年轻俊俏聪明，因在慈禧发迹前和祺祥政变中立下大功，深得慈禧宠爱。但清宫有一条祖训："内监不许私离京城四十里，违者任由地方官就地正法。"西太后只好嘱咐小安子悄悄出京，不准沿途张扬。小安子挑选了几个贴身太监，又抽来些护兵随行，沿水路向南进发。沿途一些地方官吏探得了消息，趁此机会来讨好巴结这位权倾朝野的大太监，有的备好金银珠宝，有的送来歌姬舞妓。安德海一路听歌赏舞饮酒作乐，好不高兴。小安子早把清宫祖训和慈禧的嘱咐抛于脑后，在龙舟上高高挂起一对"钦差"字样的大灯笼和龙凤旗，穿上满身绣蟒，龙舟未到，先派人传谕沿途各州县送礼迎接。

这天，龙舟开进山东德州，知府赵新带着师爷等一干人到岸上呈上拜帖，恭恭敬敬在岸边迎谒。上船后，赵新行礼拜见，等了半天，小安子才慢慢睁开眼皮，也没说话。小安子的贴身太监在一旁用手比了比，赵新这才明白，赶紧从怀里掏出一张银贴双手捧献。小安子接过一看，怒冲冲猛地从榻上跳起身来，双眼瞪着把银帖扔到甲板上，骂道："你是拿块糖哄娃娃来了，睁开你的狗眼摸摸你头上还有顶子吧？"原来，他一路所经州县捐纳的银子最少的是二三千两，本想德州这地方是水陆要冲的大码头，比其他州县更有油水，谁知这不识抬举的赵新仅在帖上写了个"二百两"，真是活够了呀！小安子怒气未消地大骂赵新，限三天时间交足白银五千两，否则，割掉脑袋！赵新吓得唯唯称是，晕天呼地也不知怎么下的船，他想这回四品顶戴是保不住了。危急中，他想起了一个人，可能还能救他一命，赶忙乘上快马，连夜奔往济南，去求谒抚台丁宝桢大人。

山东巡抚丁宝桢是咸丰三年进士，一向为官清正，才干卓越。他对西太后和安德海这些祸国殃民的罪魁恨得咬牙切齿，义愤填膺。他见赵新如此急慌，知道定有急事，赶紧请进客堂叙事。赵新扑通一声跪倒，涕泪交加地把见安德海的经过诉说了一遍。丁宝桢听后气得狠狠地将桌子一拍骂道："非杀掉这奸宦不可。"但又转念一想，安德海的权势通天，弄不好就要全家没命。丁宝桢把赵新请到后堂问道："你在船上可曾看到圣旨？"赵新答道："船舱上并无圣旨高悬。"丁宝祯一听反倒兴奋起来,连连称妙,他屏退左右,向赵新面授机宜。赵新一听吓了一身冷汗。丁宝祯笑着说道:"放心去干,一切由我承当。"赵新把心一横,点了点头,辞出府衙,即刻返回德州。

第三日的时限到了,安德海在龙舟上等急了。赵新率船队来了,赵新走过来给安德海请安,安德海睁开眼皮,问道:"银子备齐了吗?"赵新说:"都已备齐,请总管过船验收。"安德海说:"不必过船,抬过来就行。"赵新一挥手喊道:"一齐上来!"接着从船舱里钻出许多手持钢刀的捕快跳上龙舟来,将安德海团团围住,另外船只上的人从四周围住龙舟。赵新笑道:"总管包涵,抚台大人请总管屈驾到济南抚台衙门一会。"安德海假装镇静说道:"叫他来见我,哪有我去见他之礼?"两名捕快立即给安德海套上锁链。安德海气得脸似紫茄子,跺脚大骂:"你们这群鳖羔子,真是吃了熊心豹子胆,敢动钦差,还要不要脑袋?"任凭他号叫,没有人理会他。众捕快又将太监们锁了起来,赵新令连船带人开赴济南。可是,有一个太监在逮捕安德海时买东西去了,回到岸边,见出了事,藏起来没敢露面,急忙赶奔京城去向慈禧报告。

丁宝祯见安德海等人被捉,先将人犯收进大牢。他心中盘算,安德海没有圣旨,必有慈禧太后的默许,要想处治他,必须避开西宫,利用东西两宫的矛盾,向东宫慈安太后请旨发落。于是马上写好奏章交给得力心腹快马火急送往北京,秘密投奔军机处,将奏折当面呈交恭亲王奕䜣,请恭亲王暗送东宫请旨。

派去的心腹加急返回,丁宝祯高兴地接过懿旨:安德海有违祖制,着山东省巡抚丁宝祯将其拘捕,就地正法。丁宝祯立即吩咐升堂,提审安德海等人。安德海此时还是骄气横生,眼皮不翻,旁若无人,傲慢地说道:"你们摸摸脑袋,看看还能长几天,锁拿钦差,该当何罪?"丁宝祯怒喝道:"安德海,你私出京城,搅扰地方,你可知违犯内廷祖制吗？"安德海骄横地说："违犯祖制，你又能把我怎样？"丁宝桢捧起东宫懿旨高声说道："东宫太后懿旨到！安德海按律当斩，就地正法！"这时，安德海再也不骄横了，扑通跪倒，苦苦求饶，并无耻地以许官来企图打动丁巡抚。正要将安德海等人推出问斩，忽然有一名皂隶跑上堂禀道："启禀大人，西宫太后懿旨到，请大人快出来接旨。"安德海明白是来了救命符，马上跳起来笑着说道："姓丁的，你还敢把老子怎么样？我看你得吃不了兜着走！"丁宝桢怒从心头起，猛然叫过赵新来说道："赵知府，把安德海从后门推出斩首，我去迎接西太后懿旨，来个后门杀人，前门接旨。"安德海没想到丁巡抚有这一招，吓得屎尿都装在裤子里了，满嘴说好话求饶。丁巡抚大喝一声："拉下去！"刽子手上前拖起安德海等人，插上亡命牌，从后门拉出去问斩。

西太后的懿旨要丁宝桢将安德海等人押解到京按律治罪，是想把安德海等救回北京。丁宝桢故作惊讶地对传旨太监说道："下官已遵照东宫太后懿旨，刚将安德海推出正法。"传旨太监着急地说："赶快追回原令，放回犯人。"丁宝桢点点头，吩咐押回人犯，暗中却摆摆手，衙役们假意跑去传令。不一会，赵新返回复命："安德海等人犯已伏法。"刽子手提着血淋淋的人头来到大堂。丁巡抚故作遗憾地说道："可惜西宫太后懿旨来迟一步，请公公代下官向西宫太后谢罪吧！"

丁宝桢斩了安德海后，又想了个两全其美的法子，他命人将安德海的头换上另一太监的尸体，剥得精光，一丝不挂，在济南的闹市上陈尸三天，任人观看。西宫太后听说小安子被杀，十分痛恨丁宝桢，本想找碴替小安子报仇，处置丁宝桢。但很快听说丁将小安子暴尸三天后，反倒没有了气。李莲英趁机对慈禧说丁巡抚精明会办事。原来，当时清宫内外盛传一种风言风语，说安德海并未净身，是混进宫里的

第八章 仕途艰辛——宫廷政变

假太监，和那拉氏关系暧昧。丁宝桢剥光小安子尸体裸体示众，倒叫众人看清了小安子并非假太监，替西太后消除了闲话，辟了谣。以后李莲英便逐步取代小安子，日益得宠。

拓展阅读

"光绪帝"脱走武昌城

清光绪二十四年（公元1898年），慈禧太后发动戊戌政变，将光绪帝幽禁于中南海的瀛台，戊戌变法宣告失败。在政变发生后的第二年，湖北武昌发生了一桩冒充光绪皇帝的案件。

其时，武昌有一位候补官，张贴告示愿将他的公馆出租。几日后，就有主仆二人前来纳银租住。

那少主三十岁不到，白面俊秀，气态不俗；那老仆五十多岁，白面无须，说话略带女腔；二人均操北京官腔。入住公馆后，每日在家读书作文，开支甚是豪奢。每当老仆为主人进呈各种食物用品之时，均口称"圣上"，行跪拜大礼，自称"奴才"。那少主所用的被衾绣五爪金龙，手中还时时抚弄着一方玉印，上刻"御用之宝"四个篆字。在清代，这些东西只有当朝圣上能用，其他任何人"僭用圣物"，都是要问斩的。这一切，都被那位候差的房东看在眼里。

"光绪帝到了武昌！"

于是，这一惊人的消息不胫而走，有几位曾在北京做过官见过光绪帝的人，也前往探访，觉得确实很像当朝的"万岁爷"，连忙三跪九叩，"恭迎圣驾"。

从此之后，每日前来跪拜请安、贡献钱物者络绎不绝。那老仆照收不拒。

不久，此事传到上海，一些报纸还发了新闻、评论，说光绪已从瀛台脱走，前往武昌依靠张之洞，谋图再举，云云。

事已至此，武昌的官员不敢等闲视之。当时的知县陈树屏前去公馆"请安"，询问"圣上"幸临何干。那青年答曰："见张之洞方可透露。"陈树屏立刻如实禀报张之洞。

张之洞闻之大惊，急忙密电京中好友打听虚实，回电说光绪仍幽禁在瀛台。但张之洞仍不知假皇上有否皇帝背景，遂命陈树屏反复查询。

此时，梁启超也驰书张之洞，请迅速查明真伪。京中大员也纷纷电告张之洞，要他立即将假皇上逮捕处治，免招失职之罪。

张之洞这才下决心，将那主仆二人押解总督衙门，严刑之下使其供出真情。

原来，这青年名叫崇福，自幼唱戏，多次入宫，颇知宫中礼仪，因貌似光绪，在伶人中有"假皇上"之称；老仆则是宫中太监，职守司库，因盗窃事泄，大偷一次后潜逃（诸如御玺、金龙被等皆为窃物），与早已相识的崇福合谋，利用崇福逢场作戏的本领，到外地行骗发财。武昌是他们行骗的首站。

案情大白，二人被押至武昌草湖门外斩首示众。此亦为清末的一大奇案，一大闹剧。

图片授权

全景网

壹图网

中华图片库

林静文化摄影部

敬　启

本书图片的编选，参阅了一些网站和公共图库。由于联系上的困难，我们与部分入选图片的作者未能取得联系，谨致深深的歉意。敬请图片原作者见到本书后，及时与我们联系，以便我们按国家有关规定支付稿酬并赠送样书。

联系邮箱：932389463@qq.com

参考书目

1. 韦珊. 中国古代奇案选［M］. 四川：巴蜀书社. 1992.
2. 任大霖. 中国古代奇案故事大观［M］. 北京：少年儿童出版社. 1991.
3. 朱兆彬，宋常荣. 中国历代奇案选［M］. 北京：中国三峡出版社. 2001.
4. 周红兴. 中国历代奇案选精选［M］. 北京：文化艺术出版社. 1989.
5. 刁立山. 历代奇案［M］. 山东：山东人民出版社. 1995.
6. 宋月航. 中国古代经典奇案［M］. 北京：金盾出版社. 2008.
7. 黄颇译. 历代奇案［M］. 郑州：中州古籍出版社. 1994.
8. 李新贵. 中国历代奇案集录今鉴［M］. 北京：人民法院出版社. 2006.
9. 盛乐. 中国历代悬案 疑案 奇案大全集［M］. 北京：新世界出版社. 2011.
10. 铜沛行人，了了村童. 中国历代奇案［M］. 北京：中国工人出版社. 1998.
11. 冯玉军. 明清奇案迷踪［M］. 北京：清华大学出版社. 2015.
12. 吴晓奎. 千古奇案［M］. 山东：山东人民出版社. 2012.
13. 高潮. 古代奇案译注［M］. 青海：青海人民出版社. 1982.
14. 马建石. 中国奇案大观［M］. 北京：北京出版社. 1996.
15. 东方明. 中国奇案纪闻［M］. 青海：青海出版社. 2003.
16. 苏殿远. 披露中国奇案怪案［M］. 北京：作家出版社. 2002.
17. 王琼，等. 中国奇案故事.（上下册）［M］. 陕西：未来出版社. 1994.
18. 王毅，盛瑞裕. 中国奇案故事大观［M］. 北京：华中理工大学出版社. 1995.

中国传统民俗文化丛书

一、古代人物系列（13本）
1. 中国古代乞丐
2. 中国古代道士
3. 中国古代名帝
4. 中国古代名将
5. 中国古代名相
6. 中国古代文人
7. 中国古代高僧
8. 中国古代太监
9. 中国古代侠士
10. 中国古代幕僚
11. 中国古代皇后
12. 中国古代士人
13. 中国古代华侨

二、古代民俗系列（10本）
1. 中国古代民俗
2. 中国古代玩具
3. 中国古代服饰
4. 中国古代丧葬
5. 中国古代节日
6. 中国古代面具
7. 中国古代祭祀
8. 中国古代剪纸
9. 中国古代鞋帽
10. 中国古代生肖文化

三、古代收藏系列（16本）
1. 中国古代金银器
2. 中国古代漆器
3. 中国古代藏书
4. 中国古代石雕
5. 中国古代雕刻
6. 中国古代书法
7. 中国古代木雕
8. 中国古代玉器
9. 中国古代青铜器
10. 中国古代瓷器
11. 中国古代钱币
12. 中国古代酒具
13. 中国古代家具
14. 中国古代陶器
15. 中国古代年画
16. 中国古代砖雕

四、古代建筑系列（12本）
1. 中国古代建筑
2. 中国古代城墙
3. 中国古代陵墓
4. 中国古代砖瓦
5. 中国古代桥梁
6. 中国古塔
7. 中国古镇
8. 中国古代楼阁
9. 中国古都
10. 中国古代长城
11. 中国古代宫殿
12. 中国古代寺庙

五、古代科学技术系列（15本）
1. 中国古代科技
2. 中国古代农业
3. 中国古代水利
4. 中国古代医学
5. 中国古代版画
6. 中国古代养殖
7. 中国古代船舶
8. 中国古代兵器
9. 中国古代纺织与印染
10. 中国古代农具
11. 中国古代园艺
12. 中国古代天文历法
13. 中国古代印刷
14. 中国古代地理
15. 中国古代地方志

六、古代政治经济制度系列（16本）
1. 中国古代经济
2. 中国古代科举

3. 中国古代邮驿
4. 中国古代赋税
5. 中国古代关隘
6. 中国古代交通
7. 中国古代商号
8. 中国古代官制
9. 中国古代航海
10. 中国古代贸易
11. 中国古代军队
12. 中国古代法律
13. 中国古代战争
14. 中国古代衙门
15. 中国古代外交
16. 中国古代盐文化

15. 中国古代饮食
16. 中国古代娱乐
17. 中国古代兵书
18. 中国古代哲学
19. 中国古代宗祠
20. 中国古代奇案
21. 中国古代旅游
22. 中国古代家风
23. 中国古代地名
24. 中国古代家谱与年谱
25. 中国古代名字与别号
26. 中国古代墓志铭

八、古代艺术系列（12本）

1. 中国古代艺术
2. 中国古代戏曲
3. 中国古代绘画
4. 中国古代音乐
5. 中国古代文学
6. 中国古代乐器
7. 中国古代刺绣
8. 中国古代碑刻
9. 中国古代舞蹈
10. 中国古代篆刻
11. 中国古代杂技
12. 中国古代民间工艺

七、古代文化系列（26本）

1. 中国古代婚姻
2. 中国古代武术
3. 中国古代城市
4. 中国古代教育
5. 中国古代家训
6. 中国古代书院
7. 中国古代典籍
8. 中国古代石窟
9. 中国古代战场
10. 中国古代礼仪
11. 中国古村落
12. 中国古代体育
13. 中国古代姓氏
14. 中国古代文房四宝